Besser Reisen

Jerusalem

Von Arnon Bruckstein,
mit einem Beitrag von Gerhard Heck und Manfred Wöbcke

Inhalt

D1726805

MERIAN

Unsere Qualitätszeichen sind

für besonders hervorzuhebende Objekte

für Plätze, wo sich vor allem junge Leute aufhalten
oder die man ihnen empfehlen kann

Lektorat: Michael Auwers
MERIAN-Redaktion, Hamburg

CIP-Titelaufnahme der Deutschen Bibliothek

Bruckstein, Arnon:
Jerusalem / Arnon Bruckstein.
Mit e. Beitr. von Gerhard Heck u. Manfred Wöbcke.
– 1. Aufl. – Hamburg : Hoffmann u. Campe, 1989
(Merian : Besser reisen ; 22)
ISBN 3-455-10022-8
NE: HST; Merian / Besser reisen

1. Auflage 1989
Copyright © 1989 by Hoffmann und Campe Verlag, Hamburg
Umschlaggestaltung: Rambow, Rambow, van de Sand
Umschlagfoto: Pictor International
Karten: Kartographie Huber, München
Satz: Utesch Satztechnik GmbH, Hamburg
Lithographie: Buss & Gatermann, Hamburg
Druck und Bindung: Mainpresse Richterdruck, Würzburg
Printed in Germany

Fotos: Klaus Kallabis 5, 9, 11, 15, 20, 28, 29, 32/33, 40, 43, 48, 52/53, 56,
63, 65, 68, 71, 73, 74, 78, 80, 82, 86, 88, 92;
Staatliches Israelisches Verkehrsbüro 87

Zu Gast in Jerusalem

Von Gerhard Heck und Manfred Wöbcke

»Nächstes Jahr in Jerusalem« heißt eine symbolische Grußformel unter Juden, auch wenn sie ihr Leben lang nicht aus New York oder Prag herauskommen. Dennoch: Viele haben die Reise angetreten, und heute begegnet man in Jerusalem modern gekleideten Europäern, orthodoxen Juden in schwarzem Mantel und Hut, in Israel geborenen Sabras, Arabern in ihrer Nationaltracht. Und vielen, vielen Pilgern und Touristen.

Zu Gast in Jerusalem. – Zu Gast in welchem Jerusalem? Im modernen Westjerusalem mit seinen prachtvollen Hotels und eleganten Geschäftsstraßen, die die Namen von Königen tragen? Oder im Gedränge der engen arabischen Basarzeilen der Ostjerusalemer Altstadt? In Mea Shearim, dem Stadtteil, in dem etwa 4000 orthodoxe Juden streng nach den Gesetzen des Talmud und in der Tracht des osteuropäischen Stetls leben? Oder im Zentrum der armenischen Christen, die ein eigenes Viertel in der Altstadt bewohnen? Bin ich schließlich zu Gast bei einer Sabra-Familie in der *Hauptstadt Israels* oder bei einem palästinensischen Journalisten im *völkerrechtswidrig annektierten El Kuds* (»die Heilige«), wie Jerusalem in arabischen Landkarten genannt wird? Die Stadt Jerusalem hat sehr viele Gesichter.

Nachmittag, 16 Uhr. Es ist Tea Time in den verglasten Terrassenräumen des Intercontinental-Hotels auf dem Ölberg. Durch die getönten Scheiben verliert sich der Blick über das Kidrontal hinaus auf den ummauerten alten Teil der Stadt. Die gelbweißen Kalksteinhäuser strahlen eindrucksvoll im Sonnenlicht. Von hier oben, dem vor 1967 im jordanischen El Tur gelegenen biblischen Berg, wird besonders augenfällig, wie dicht die neben- und übereinandergebauten steinernen Symbole großer Religionen sich in den politischen Alltag dieser Stadt drängen. Unübersehbar steht da der Felsendom, dessen goldene Kuppel heute das Postkartenwahrzeichen der Stadt ist. Dort, nahe dem Felsen, auf dem nach biblischer Überlieferung Abraham einst seinen Sohn Isaak hat opfern sollen und von dem nach islamischer Überlieferung auch der Prophet Mohammed auf seiner Stute Al Burak gen Himmel geritten ist, erbauten moslemische Kalifen im 7. Jahrhundert die prunkvolle achteckige Moschee, die zu den heiligsten Plätzen der Moslems gehört. Jeder Fremdenführer zeigt heute den Besuchern im Innern der Moschee auf dem Felsen den Hufabdruck von Mohammeds Stute. Das muß schon vor 700 Jahren so gewesen sein, denn die Kreuzfahrer haben den heiligen Felsen mit einem schmiedeeisernen Gitter eingezäunt, um zu verhindern, daß Pilger sich – damals wie heute – kleine Felsstücke abbrechen und als Reliquie mitnehmen.

Der Felsendom und unmittelbar daneben die nahezu gleich bedeutsame Al-Aqsa-Moschee stehen auf dem Berg Moriah, der auch Tempelberg genannt wird: Hier befand sich einst der biblische Tempel der Juden. Von diesem Tempel, der der Überlieferung nach von König Salomon errichtet und nach der Babylonischen Gefangenschaft wiederaufgebaut und erweitert wurde, blieb nur die westliche Umfassungsmauer erhalten, als der römische Kaiser Titus im Jahre 70 nach Christi Geburt Jerusalem dem Erdboden gleichmachte. Dieser aus riesigen Kalksteinquadern bestehende Mauerrest, genannt »Klagemauer« – auf Straßenschildern heißt sie »Western Wall« oder »Wailing Wall« –, ist heute die heiligste Stätte der Juden und das Ziel jüdischer Pilger aus aller Welt. Am Freitagabend, wenn der Sabbat beginnt, ist der Platz vor der Mauer Schauplatz des Gebets. In den Ritzen zwischen den Steinquadern befestigen heute wie vor tausend Jahren gläubige Juden kleine Zettelchen mit Wünschen, Danksagungen und Gebeten; ihr Inhalt ist allein für das Auge Gottes bestimmt.

Unter dem Berg Moriah, in der Krypta des Felsendoms, befinden sich nach der Überlieferung die Gräber der Propheten. Hier sollen einst Abraham, David, Salomon und Jesus gebetet haben und sich zweimal in der Woche die Seelen aller Toten zum Gebet versammeln. Noch im Mittelalter galt deshalb Jerusalem als Mittelpunkt der Welt. So stellte noch im 16. Jahrhundert der Hannoveraner Kartograph Heinrich Buentig die Erde als dreiblättriges Kleeblatt dar, bestehend aus Europa, Asien und Afrika. Den Mittelpunkt des Stengels, aus dem die drei Blätter wuchsen, bildete Jerusalem.

Mittelpunkt der Welt ist die Stadt heute sicherlich nicht mehr, ihre Bedeutung für die drei großen monotheistischen Religionsgemeinschaften ist jedoch ungebrochen. So berichteten die Zeitungen vom Sommer des Jahres 1988, daß Scheich Saaleddin El Alami, der Mufti von Jerusalem, sich an die Vereinten Nationen gewandt habe, um gegen die archäologischen Tunnelgrabungen unter dem Felsendom zu protestieren. Durch sie würde das religiöse Empfinden aller Moslems verletzt. Zugleich protestierten religiöse Juden gegen diese Grabungen, weil möglicherweise alte jüdische Gräber berührt werden könnten, für sie ein ebenso großes Sakrileg.

Bei aller Geschäftigkeit bestimmen Religiosität und das, was sich als solche ausgibt, das Klima der Stadt. Über tausend Synagogen, etwa zweihundert Kirchen und Klöster und mehr als fünfzig Moscheen tragen dazu bei. Die Vielfalt und die Sonderheiten der großen Religionen hautnah zu erleben, ihre Stille und Größe, aber auch ihre Intoleranz physisch zu erfahren, das gelingt in dieser Form nur hier:

Enge Nachbarschaft der Wahrzeichen Jerusalems:
Klagemauer und Felsendom

Nirgendwo leben so viele Gläubige nahe den Orten ihrer Verehrung, nirgendwo wird so unterschiedlich in friedlichem Nebeneinander gebetet. Und doch kann hier ein Besucher vor lauter Religiosität auch sehr schnell zum Skeptiker, ja zum Atheisten werden. Denn nur allzuoft sind die irdischen Interessen des himmlischen Treibens offenkundig. Beispielsweise in und um die Grabeskirche in der Jerusalemer Altstadt. In den jahrhundertelangen Auseinandersetzungen zwischen den Ost- und den Westkirchen sind schließlich sechs Kirchen übriggeblieben, die sich nach einem kleinlich genau ausgehandelten Proporz die Nischen und Kapellen der Kirche teilen, die die Mutter Kaiser Konstantins errichten ließ. Gemeinsam bewachen sie, inmitten der Kirche, die Kapelle, in der das Grab Christi liegt. Nach einem exakten Zeitplan lösen sich tagsüber die Geistlichen beim Einsammeln der Kollekten ab. Jeder Besucher der Grabeskirche kann es miterleben: Schon Minuten vor der Wachablösung trifft der Vertreter der anderen Konfession ein, denn die Geldgaben fließen reichlich, weil es am Grabe des Herrn niemand wagt, an der ausgestreckten Hand seiner weltlichen Diener vorüberzugehen.

Zumindest dem offenen Streit der Christen in und um die Grabeskirche bereitete Sultan Saladin ein Ende. Er übergab im 13. Jahrhundert einer angesehenen arabischen Familie die Schlüsselgewalt über das mächtige Kirchenportal. Noch heute schließen deren Nachfahren abends die Grabeskirche und öffnen sie am nächsten Morgen wieder. Daß christliche Händler vor der Grabeskirche Dornenkronen als Souvenir anbieten, mag dann nicht mehr verwundern.

Jerusalem liegt in rund 800 Metern Höhe auf einem Plateau der jüdischen Berge. Nach Westen fällt das Gebirge allmählich bis zur Mittelmeerküste ab. Die für Pilger in biblischen Zeiten zwei Tage dauernde Reise von der Küste bis zur Heiligen Stadt verkürzt sich heute dank einer Schnellstraße auf knapp eine Stunde. Von Norden gelangt man durch das Jordantal über Jericho nach Jerusalem. Gen Osten erstreckt sich die judäische Wüste, von der Hauptstadt bis zum Toten Meer auf nur 22 Kilometer jäh um 1200 Meter abfallend.

Die Altstadt Jerusalems, das Jerusalem aus biblischen Zeiten, gliedert sich in das nordwestlich gelegene christliche Viertel, das moslemische im Nordosten mit dem angrenzenden Tempelberg im Südosten, das jüdische Viertel im Süden und das armenische im Südwesten.

Die meistbesuchte und berühmteste Straße Alt-Jerusalems ist zweifelsohne die Via Dolorosa, der Leidensweg Jesu Christi von der Verurteilung bis zur Kreuzigung auf Golgatha. Sie liegt innerhalb der ummauerten Altstadt, beginnt in der Nähe des Stephanstors, zieht sich durch das arabische und christliche Viertel und endet in der Grabeskirche. Insgesamt 14 Stationen des Weges werden in der Bibel beschriebenen Ereignissen zugeordnet, die letzten fünf liegen innerhalb der Grabeskirche. Freitagnachmittags wird die Bedeutung dieses Weges für Christen sichtbar, wenn Gläubige den Leidensgang Christi Station für Station in einer Prozession betend und singend nachvollziehen. Angeführt wird die Prozession von einem Franziskaner, der über Lautsprecher die einzelnen Stationen erklärt. Das Gedrängel wird größer und größer: Mönche, Nonnen, Touristen und Priester bilden eine Mischung aus religiösem Ritual und sehenswertem Schauspiel. Dazwischen transportieren Araber ihre Lasten mit Karren und Eseln, dazu arabische Händler und Souvenirverkäufer, die Rufe der Reiseleiter, das Singen der Gläubigen.

Doch es gibt auch ein ganz anderes Jerusalem, das der Museen und Buchläden, der Konzerte, der Musikfestivals und der Begegnungen. Und es gibt natürlich auch Unterhaltung in der Heiligen Stadt, ganz weltliche und ausgesprochen gute. Auch der Gourmet kommt in den zahlreichen Restaurants auf seine Kosten, denn die Einwanderer, die in Jerusalem ihre neue Heimat fanden, brachten aus ihren alten Herkunftsländern hervorragende gastronomische Kenntnisse mit. Und wer morgens auf der Terrasse des King David Hotels frühstückt, sitzt nicht selten neben bekannten Persönlichkeiten des öffentlichen Lebens. In diesem geschichtsträchtigen Hotel, das der Regierung auch als Gästehaus dient, steigen sie meistens ab, die Großen der Welt, wenn sie Jerusalem besuchen.

Weil Jerusalem so viele, zudem weitverstreute, Sehenswürdigkeiten besitzt, seine Besucher aber meist wenig Zeit mitbringen, hatte der Bürgermeister eine gute Idee: die Buslinie 99. Jede halbe Stunde fährt dieser Bus entlang einer Route, an der alle wesentlichen Gebäude und Schauplätze Jerusalems liegen: die Gedenkstätte Yad Vashem ebenso wie das Jaffa-Tor, der Ölberg und die Knesset; der Bus fährt entlang der großen Einkaufsstraßen und rund um die Mauer der Altstadt mit ihren acht Stadttoren. An jeder der mehr als dreißig touristisch interessanten Halteplätze kann man aussteigen und mit derselben Fahrkarte nach der Besichtigung in den darauffolgenden Bus wieder einsteigen und zur nächsten Sehenswürdigkeit fahren.

Nur die Altstadt muß man sich erlaufen, wie es die Apostel einst taten. Eintauchen muß man ins Gedränge der engen Gäßchen, sich weiterschieben lassen zwischen anbietenden Händlern, nur so spürt man die Atmosphäre der Altstadt. Wer sich zuerst des Gewirrs der Straßen und Gassen kundig machen will, der beginne mit einem Spaziergang auf der zwölf Meter hohen und stellenweise vier Meter dicken Stadtmauer, die Sultan Suleiman der Prächtige im 16. Jahrhundert um die Stadt bauen ließ. Aber man kann die Altstadt auch direkt durch eines ihrer acht Stadttore betreten; genauer: derzeit nur

durch sieben, denn das »Goldene Tor« ist seit Jahrhunderten zugemauert, weil es sich nach jüdischem Glauben erst am »Ende aller
Tage« von selbst öffnen wird. Wer aber die Altstadt auf einen Blick
erfassen oder sich 2000 Jahre zurückversetzen lassen will, der begibt
sich in den Garten des Holyland Hotels im Westjerusalemer Stadtteil Bayit Vegan. Hier findet er Alt-Jerusalem zur Zeit Jesu Christi –
als Modell, disneylandlike.

Wer der Hektik der Neustadt überdrüssig ist, der findet eine Oase
der Stille und Besinnung im Armenischen Viertel, im Südwesten der
Altstadt auf dem nördlichen Ausläufer des Zion-Berges gelegen.
Etwa tausend Angehörige des armenischen Volkes, das sich als eines
der ersten zum Christentum bekehrte, leben um ihre St.-James-
Kathedrale herum, zwischen Schule, Priesterseminar, Museum, Bü-
cherei, Druckerei und Kloster. Alle Gebäude, auch die Wohnhäuser
für Lehrer, Schüler und Pilger, sind aus Naturstein erbaut. Cafés,
Restaurants oder gar einen Basar sucht man vergebens. Studieren
und gläubige Andacht sowie das Bewahren der armenischen Tradition bestimmen die Atmosphäre dieses Stadtteils.

Das ungewöhnlichste Anwesen innerhalb der Altstadtmauern ist ein
afrikanisches Dorf, und es liegt ausgerechnet auf den Dächern der
Grabeskirche. Zwanzig weißgetünchte Lehmhütten des Äthiopischen Orthodoxen Patriarchats stehen, durch überlieferte Rechte
geschützt, auf dem heiligsten Dach der Stadt. Die hier lebenden
Mönche pflanzten sogar ein paar Bäume an und empfangen Besucher, die den Weg zu ihnen hinauffinden, durchaus freundlich und
als Gast.

Wie sehr religiöser Fundamentalismus in der »Stadt des Friedens«
Unfrieden provoziert, ja die Stadt ungastlich macht, kann man
freitagmittags jetzt immer öfter in Ostjerusalem auf dem Tempelberg und samstagvormittags in Westjerusalem in den Straßen erleben, die an den Stadtteil Mea Shearim angrenzen.

Juden ist das Betreten des Tempelbezirks hinter der Klagemauer
verboten: Verbotstafeln des Oberrabbinats weisen überall darauf
hin, um zu verhindern, daß jemand versehentlich auf dem Platz, auf
dem einst der Tempel stand, seinen Fuß auf jene Stelle setzt, die
ehedem nur dem Hohenpriester vorbehalten war. Seit Jahren führen
kleine jüdisch-nationalistische Gruppen am Freitag während der
islamischen Gebetszeiten demonstrativ Besuche auf dem Tempelberg durch. Da hat die Polizei dann meist viel zu tun. Am Sabbat
versuchen die orthodoxen Juden des Stadtteils Mea Shearim, durch
Blockaden der angrenzenden Straßen ihre Lebensweise – insbesondere das Autofahrverbot – auch der nicht religiös orientierten Bevölkerung Jerusalems aufzuzwingen. Auch hier hat die Polizei oft
Grund zum Eingreifen.

Teddy Kollek, der Bürgermeister Jerusalems, proklamiert seit zwan-

*Anschlagwand in Mea Shearim, dem streng orthodoxen
jüdischen Wohnviertel in Jerusalem*

zig Jahren ein friedliches Zusammenleben in der Stadt, das von
Toleranz gegenüber den Sitten und Gebräuchen des Andersgläubi-
gen geprägt sein sollte. Eine Zeitlang sah es so aus, als hätte seine
Vision eine Chance, denn er setzte sich ständig für eine Verbesse-
rung der Infrastruktur in den arabischen Vierteln ein. Er wandte sich
gegen die Ansiedlung von Talmud-Schulen im arabischen Viertel,
und er verurteilte den ehemaligen Verteidigungsminister Arie Scha-
ron, der demonstrativ ein Haus in der arabischen Altstadt bezog,

eine Provokation, die nicht nur Palästinenser empörte. Kollek will eine geeinte Stadt mit zwei gleichberechtigten Bevölkerungsgruppen.

Doch seit Dezember 1987, seit Beginn der Intifada, dem zivilen Aufstand der Palästinenser in der Westbank und dem Gazastreifen, scheinen sich seine Hoffnungen zu zerschlagen. Die Intifada sparte Jerusalem nicht aus. Eine unsichtbare Mauer zwischen Ost- und Westjerusalem entstand jetzt wieder dort, wo bis 1967 Stacheldrahtverhaue die Stadt teilten. Die Trennungslinie ist heute mehr als eine psychologische Barriere. Über die arabischen Stadtviertel werden Ausgangssperren verhängt, in den Straßen vor dem Damaskustor werfen junge Palästinenser Steine in die Fensterscheiben jüdischer Wohnungen und stürzen Autos um. Polizei und Armee befinden sich in ständigem Ausnahmezustand.

In Westjerusalem lebt man nach wie vor friedlich und erfährt von den Unruhen in Ostjerusalem nur aus dem Fernsehen, so, als ereigneten sie sich irgendwo auf der Welt und nicht in derselben Stadt. Heute ist es dieser Kontrast zwischen dem scheinbar friedlichen Alltag im Westen und der offenen Auflehnung gegen die israelische Besatzungsmacht im Osten, der die erneute Teilung der Stadt und die unterschiedlichen Lebensvorstellungen ihrer Bewohner dokumentiert.

Selbst wenn sich die Lage beruhigen sollte, wofür derzeit nichts spricht – kann es jemals wieder zu einem nachbarschaftlichen Zusammenleben von Israelis und Palästinensern in Jerusalem kommen? Die heiligste Stadt der Erde würde es verdienen.

Jerusalems Geschichte

19. Jh. v. Chr.	Erste Erwähnung Jerusalems in ägyptischen Texten.
1000–961	Jerusalem Hauptstadt des unter König David vereinigten Israel.
961–922	Herrschaft König Salomons. Errichtung des Ersten Tempels.
922	Jerusalem wird Hauptstadt von Juda nach Teilung des Königreichs.
715–687	Hiskia König von Juda. Bau des Tunnels von Gichon nach Siloah.
587	Nebukadnezar zerstört Jerusalem und den Tempel. Die Juden werden ins Exil geführt.
537	Rückkehr der Juden aus Babylon nach Jerusalem. Wiederaufbau des Tempels.
515	Einweihung des Zweiten Tempels.
445–433	Nehemia und Ezra kommen aus dem Exil zurück.
332	Alexander der Große besucht Jerusalem.
312–167	Unter Ptolemäern und Seleukiden.
169	Antiochus IV. Epiphanes (175–164) plündert den Tempel.
167–141	Befreiungskrieg der Makkabäer.
164	Die Makkabäer erobern den Tempelberg.

166–135	Judas Makkabäus, Jonathan, Simon Führer der Makkabäer.
63	Jerusalem von Pompejus erobert.
37–4	Herrschaft König Herodes' des Großen, Bau von Befestigungsanlagen, Pälesten, Türmen und Tempeln.
26–36	Pontius Pilatus römischer Prokurator von Judäa.
33	Kreuzigung Jesu.
41–44	Agrippa, König von Judäa, errichtet eine neue Stadtmauer.
66–70	Jüdischer Aufstand gegen die römische Besatzungsmacht.
70	Fall Jerusalems – Titus zerstört den Zweiten Tempel.
132–135	Aufstand Bar-Kochbas. Jerusalem wieder zur jüdischen Hauptstadt erklärt.
135	Zerstörung Jerusalems durch Hadrian. Wiederaufbau der Stadt; sie erhält den Namen Capitolina.
326	Helena, Mutter Kaiser Konstantins, besucht Jerusalem und legt den Grundstein zur Grabeskirche.
614	Perser erobern Jerusalem.
628	Byzantiner vertreiben die Perser.
638	Kalif Omar erobert Jerusalem.
691	Bau des Felsendoms (Omar-Moschee).
1099	Kreuzfahrer erobern Jerusalem.
1165	Rabbi Mosche ben Maimon (Maimonides) besucht Jerusalem.
1187	Saladin besiegt die Kreuzfahrer und erobert Jerusalem.
1229	Kaiser Friedrich II. erwirbt vom Sultan von Ägypten die Stadt und krönt sich selbst zum König von Jerusalem.
1244	Tataren erobern die Stadt für den Sultan von Ägypten.
1267	Rabbi Mosche ben Nachman wirkt innerhalb der jüdischen Gemeinde Jerusalems.
1517	Türkische Eroberung Jerusalems.
1538–1540	Sultan Suleiman I. errichtet neue Stadtmauern.
1836	Erster Besuch des Sir Moses Montefiore.
1860	Erste jüdische Aussiedlung außerhalb der Mauern.
1898	Dr. Theodor Herzl, Gründer der zionistischen Weltorganisation, besucht Jerusalem.
1917	Britische Streitkräfte unter General Allenby besetzen Jerusalem.
1918	Dr. Chaim Waizmann legt den Grundstein der Hebräischen Universität.
1947	Die Vereinten Nationen empfehlen Teilung Palästinas in arabischen und jüdischen Staat.
14.5.1948	Ende der britischen Mandatsherrschaft. Gründung des Staates Israel. Beginn des Befreiungskrieges.
28.5.1948	Das jüdische Alt-Jerusalem unter jordanischer Herrschaft.
April 1949	Jerusalem wird zwischen Israel und Transjordanien geteilt.
13.12.1949	Jerusalem zur Hauptstadt Israels erklärt.
5.6.1967	Jerusalem unter jordanischem Feuer zu Beginn des Sechs-Tage-Krieges.
7.6.1967	Israelische Streitkräfte erobern die Altstadt.
23.6.1967	Juden, Moslems und Christen wird freier Zugang zu den heiligen Stätten zugesichert.
30.7.1980	Das »Jerusalem-Gesetz« erklärt die ganze Stadt – also auch den annektierten arabischen Ortsteil – zur Hauptstadt Israels.

Treffpunkte

Wo trifft man sich in Jerusalem? Bis vor einigen Jahren wäre die ironische Antwort gewesen: In Tel Aviv! Zu jener Zeit durchwanderte der Tourist abends menschenleere Straßen und hörte dabei nur den Widerhall seiner eigenen Schritte. Die fast leeren Cafés und die vereinzelten Kinos mit ihren wenig abwechslungsreichen Programmen wirkten deprimierend und versprachen einen langweiligen Abend. Doch all das hat sich seitdem entschieden geändert. Die bis dahin so soliden Jerusalemer begannen, Abendvergnügungen in ihrer eigenen Stadt zu suchen. Der Umschwung begann mit dem Versuch der Jerusalemer Stadtverwaltung, einen Teil der Ben-Yehuda-Straße in eine Fußgängerzone zu verwandeln. Der Erfolg dieser Neuerung führte zu Erweiterungen dieser Zone, zur Eröffnung immer neuer Cafés, Pubs und kleiner Restaurants mit Spezialitäten aus verschiedenen Ländern. Besonders an langen Samstagabenden im Sommer wird seither die Ben-Yehuda-Straße von Jugendlichen und Besuchern überschwemmt. Die Jerusalemer lernten auszugehen: Boutiquen wurden eröffnet, Mode und Chic hielten Einzug ins einst so provinzielle Jerusalem. Vergnügungsstätten und Kinos wurden restauriert, neue Restaurants, Theater-, Vortrags- und Konzertsäle wurden eröffnet. Auf harten Widerstand stieß diese Entwicklung jedoch bei der frommen jüdischen Bevölkerung der Stadt, die nach wie vor nicht bereit ist, eine Änderung des seit Jahrhunderten bestehenden Status quo des »Heiligen Jerusalems« zu tolerieren. Bis heute sind deshalb Kinos, Restaurants, Theater und Konzerthallen am Freitagabend (Shabbat) in Jerusalem meistens geschlossen.

Tel Aviv ist im Vergleich zu Jerusalem bis heute die weit dynamischere Vergnügungsmetropole Israels, und Jerusalem versucht auch gar nicht, ihr diesen Rang abzulaufen. Der besondere und eigentliche Reiz Jerusalems liegt immer noch in seinen jahrtausendealten Mauern, deren Steine soviel zu erzählen haben. Ein nächtlicher Spaziergang durch die engen Gäßchen des Jüdischen Viertels oder eine Vollmondnacht in Jemin Mosche mit Blick auf den Zionsberg in seiner zauberhaften Beleuchtung wird für jeden Romantiker ein unvergeßliches Erlebnis bleiben.

Wo und wann treffen sich die Jerusalemer? Voller Leben ist die Fußgängerzone in der *Ben-Yehuda-Straße* und ihren Seitenstraßen; dort befinden sich auch die meisten Kinos. Östlich davon, in *Nachlat Schivah*, einem der ältesten Viertel der Stadt, wurden viele kleine Restaurants mit Atmosphäre eröffnet. In die Bars des Viertels strömen Jerusalemer und Touristen, weil es dort gutes Bier zu annehm-

Heute von Andenken- und Devotionalienständen gesäumt:
die Via Dolorosa

baren Preisen gibt. Ein beliebter Treffpunkt der Avantgarde und Intellektuellen ist die *Cinematek*, ein gutes Programmkino. Ganz in der Nähe befinden sich das kleine Theater *Khan* am Rande des Jemin-Mosche-Viertels und das *Haus der Zionistischen Konföderation,* ein weiterer beliebter Treffpunkt. Kulturelles Leben mit Niveau konzentriert sich auf das *Jerusalemer Theater* mit dem anliegenden »Henry-Crown-Saal« und auf den Saal der *Binjanei-Ha'uma* (Gebäude der Nation).

Man trägt in Jerusalem selten Abendgarderobe, viele Männer gehen ganz informell, auch ohne Krawatte und Jackett.

Jugendliche treffen sich zu Jazzvorführungen oder Einmann-Nummern in kleinen Theaterräumen: *Pargod* oder *Tzavta*. Beliebte und belebte Treffpunkte für ganz Jerusalem sind die jüdischen Straßenbasare, beispielsweise in der *Ben-Yehuda-Straße* oder im *City Cellar,* wo besonders am Freitagmittag, bevor die Stadt am Spätnachmittag in ihren wöchentlichen Shabbat-Dornröschenschlaf versinkt, noch reges Treiben herrscht. Die Programmkinos bieten am Freitagmittag viel frequentierte Vorstellungen: *Cinematek, Jerusalem-Theatre* und *Beth Agron.* Jazz zur selben Zeit gibt es im *Pargod* oder *Tzavta.* Mit Beginn des Shabbats ertönt eine Sirene (keine Angst, es ist kein Krieg ausgebrochen), die in weiten Teilen der Stadt deutlich vernehmbar ist. Am Samstagabend, nach 24 Stunden Ruhe in der Stadt, beleben sich die Straßen erneut, und die Menschenmassen ergießen sich in die Straßencafés und Vergnügungsstätten.

Jerusalem hat nur wenige Diskotheken, die, wie überall, vorwiegend von Teenagern besucht werden. Auch das arabische Jerusalem (Ostjerusalem) hat Vergnügungsstätten, doch sind diese verstreut. Pubs und Cafés befinden sich nahe der Davidszitadelle, nahe des Eingangs zur Christ Church – auch am Freitagabend geöffnet. Im Sommer ist es sehr zu empfehlen, am Damaskustor in der Altstadt an einem der durch Hunderte von kleinen Birnen erleuchteten Stände kalte Wassermelonen zu orientalischer Musik zu genießen. Kleine Bäckereien und Cafés ziehen mit ihrem Duft zur späten Nachtstunde viele Jerusalemer aus der Weststadt an. Zu empfehlen ist auch die Multi-Media-Show »The Holyland Experience« im YMCA-Gebäude.

Ben-Yehuda-Straße Fußgängerzone mit vielfältigen Einkaufsmöglichkeiten, Restaurants und Kinos. Am Freitagmittag Basar mit Straßenmusik und -theater; Verkauf von Schmuck und Kunsthandwerk.

Beth Agron Programmkino, das auch internationale Filme zeigt (Original mit Untertitel). Hillel-Str. 37

Binjanei-Ha'uma (Gebäude der Nationen) Veranstaltungsort für größere Konzerte u. ä. Salman-Schazar-Str., gegenüber der Egged-Busstation Tel. 22 24 81

Eine der Attraktionen des YMCA-Komplexes: der Blick vom Glockenturm

Cinematek Programmkino mit internationalen Filmen, Vorstellungen bis Mitternacht.
Derech Hebron, in der Nähe des alten Jerusalemer Bahnhofes
Tel. 27 41 31

City Cellar Am Freitagmittag findet hier ein Basar statt, auf dem israelischer Schmuck und Kunsthandwerk angeboten werden.
Keller des Migdaa'ir-Hochhauses

Gerard Behar Theater mit breitem Angebot auch anderer Veranstaltungen hohen Niveaus.
Bezalel-Str. 11
Tel. 24 21 57

Haus der Zionistischen Föderation Politisch-kulturelles Zentrum mit kleinem Kammermusik-Konzertsaal, Café und Restaurant. Die Veranda bietet einen schönen Blick auf die Mauern der Altstadt.
Emil-Bota-Str.
Tel. 24 52 05/06

Jerusalem-Theatre Konzerte, Opern- und Theateraufführungen (im Henry-Crown-Saal) mit internationalem Anspruch.

Markus-Str. 20
Tel. 66 71 67

Khan Kleines Theater, in dem die Schauspieler das Publikum während der Vorstellung häufig ins Spiel miteinbeziehen. Restaurant, Café.
David-Rames Square 2
Tel. 71 82 81

Nachlat Schivah Stadtviertel östlich der Ben-Yehuda-Straße mit vielen kleinen Restaurants, Cafés und Bars

Pargod Am Freitagmittag auch Jazzveranstaltungen.
Bezalel 94
Tel. 23 17 65

Tzavta Kleines Theater mit vielfältigem Musikprogramm (Jazz, internationale Folklore).
King-George-Str. 38
Tel. 22 76 21

YMCA (CVJM) »The Holyland Experience« findet (auch in deutscher Übersetzung) jede volle Stunde von 9 bis 21 Uhr statt.
King-David-Str. 26
Tel. 22 71 11

Besichtigungen und Sehenswürdigkeiten

Im folgenden werden sieben Vorschläge für Stadtrundgänge gemacht, die in chronologischer Folge jeweils Stätten einer Epoche – von der Zeit Davids bis zum heutigen Tage – vorstellen. Der Besucher kann also, indem er die Spaziergänge in der vorgeschlagenen Reihenfolge unternimmt, der Geschichte der Stadt durch die Jahrhunderte folgen.

Älteste Geschichte: Tour ins Jerusalem der Königszeit; Davidstadt, Shiloah-Tunnel und die monumentalen Grabstätten im Kidrontal

Diese Tour ist durch häufiges Treppensteigen mit gewissen Anstrengungen verbunden. Denjenigen, die den Shiloah-Tunnel durchwandern wollen, ist die Mitnahme von Stoffschuhen (zum Gehen im Wasser) und von Taschenlampe oder Kerzen anzuraten. Die Ausgrabungen und der Tunnel befinden sich südlich der Altstadt unterhalb des Mülltors, von dem aus man sie, an der Kirche St. Peter in Gallicantu vorbei, nach einem kurzen Abstieg erreicht. Der Zugang zu den Ausgrabungen befindet sich in einem Café gegenüber und ist bequem begehbar. Von hier aus bietet sich ein schöner Ausblick: nördlich von uns die schwarzscheinende Kuppel der Al-Aqsa-Moschee, unter uns das Kidrontal, über dem sich der Ölberg mit dem arabischen Dorf Silwan erhebt. Über dem Dorf ein kleines Wäldchen. Dort befand sich die Stätte, wo einst König Salomon seinen Gott erzürnte, indem er einen Tempel für die vielen Götter bauen ließ, die seine tausend Frauen der verschiedenen heidnischen Völker mit sich gebracht hatten (1 Kön 11). Vom Hügel des Gouverneurspalastes erblickte der Überlieferung nach der Patriarch Abraham zum ersten Mal den Berg

Moriah, nördlich von uns, auf dem er seinen Sohn Isaak opfern sollte (1 Mose 22).

Die Stätte der *Davidstadt*, das sog. Areal G, zeugt davon, daß nur wenige Gebäude die Zerstörung der Stadt durch die babylonischen Eroberer (586 v. Chr.) überstanden haben und als archäologische Zeugnisse jener Zeit erhalten geblieben sind.

Nachdem wir diese besichtigt haben, steigen wir die Treppen bis zu dem Schild herab, welches uns nach rechts den Weg zur nächsten zentralen Stätte weist: dem *Warren-Schacht* (Warren-Shaft). Beim Abstieg sehen wir links von uns das steil und terrassenförmig angelegte Dorf *Silwan*, mit dem eine der bekanntesten Geschichten der Bibel verbunden ist – die des Königs David und der badenden Bathseba.

Der Warren-Schacht selbst, Teil des Wasserversorgungssystems des ältesten Jerusalems, ist eine der eindrucksvollsten Ausgrabungsstätten der Stadt. Die Besichtigung schließt Ab- und Aufstieg über viele Treppen ein, doch lohnt sich die Anstrengung. Wen nach der Besichtigung der 3000 Jahre alten Wasserleitung der Gedanke an den Wiederaufstieg

Aus dem gewachsenen Fels gehauen: das Absalom-Denkmal

ermüdet, der denke an die Einwohner jener Zeit, die (meist Frauen) diesen Weg zum Wasserschöpfen mehrmals täglich mit schweren Krügen zurücklegen mußten.

Bevor wir den Hiskia-Tunnel betreten, möchten wir diejenigen, die den Tunnel nicht durchwandern wollen, auf zwei eindrucksvolle Stätten aufmerksam machen, die sich ungefähr 300 Meter das Kidrontal aufwärts dem Auge des Betrachters darbieten. Die erste besteht aus zwei Teilen: einem monolithischen Monument, das von der Überlieferung dem Propheten *Zaharia* (Sacharja) zugesprochen wird. Und, etwas links darüber, das Grabmonument der angesehenen Priesterfamilie *Bene-Chezir* aus der Zeit des Ersten und Zweiten Tempels. Weiter nördlich befindet sich ein weiteres Monument mit Begräbnishöhle – ebenfalls aus der Zeit des Zweiten Tempels (332–63 v. Chr.) – *das Absalom-Denkmal.*

Jetzt gehen wir zum *Hiskia- oder Shiloah-Tunnel* zurück, um uns durch den Gang durch die kühlste Stätte Jeruslems zu erfrischen. Bevor wir die glatten Treppen zu dem kalten Wasser der Quelle heruntersteigen (die Besichtigung ist im Winter nicht empfehlenswert), ist es ratsam, die Hosen hochzukrempeln oder mit kurzen Hosen zu vertauschen. Das Wasser ist mindestens 15 cm, gegen Ende des Tunnels bis zu einem Meter tief. Mit Betreten des Tunnels haben wir einen erlebnisreichen und angenehmen Spaziergang von 20 Minuten vor uns, vorausgesetzt, daß wir nicht durch zu viele Besucher in unserem Vorwärtskommen behindert werden. Nach Verlassen des Tunnels wenden wir uns nach rechts und kehren auf der steilen Straße wieder zum Mülltor zurück.

Absalom-Denkmal   Absalom war der aufrührerische Sohn des Königs David, der von den königstreuen Kämpfern des Königs getötet wurde. Es ist jedoch belegt, daß Absalom sich noch zu seinen Lebzeiten ein Grabmal im Kidrontal (und nicht an diesem Ort) errichten ließ (2 Sam 18,18). Hunderte von Jahren alter Überlieferung nach werden jedoch hier von Juden Steine auf das »Grabmal Absaloms« geworfen, um Abscheu vor seiner Auflehnung gegen den königlichen Vater David auszudrücken. (2 Sam 16,18). Das Monument ist aus dem gewachsenen Stein gehauen (hellenistisch-syrischer Einfluß); dahinter eine scheinbar dazugehörige Grabeshöhle – die »Höhle Josaphat«. Bemerkenswert sind der Giebelfries darüber und die Sarkophage in der Höhle. Der hebräische Name »Josaphat« deutet auf eine Überlieferung hin, daß in diesem Kidrontal – auch Josaphat-Tal genannt, der Tag des Jüngsten Gerichts beginnen wird. (Josaphat: hebr. »Gott wird richten«.)

Im Kidrontal

Bene-Chesir-Gräber   Ein in den Felsen gemeißelter Begräbnisstein zwischen zwei Säulen, welche die Decken zu stützen scheinen. Eine Inschrift bezeichnet die Priesterfamilie »Bene-Chezir«, die in der 1 Chr 24,15 erwähnt wird, als Eigentümer dieses Platzes. Wahrscheinlich ist auch das Grab Sacharjas ein Monument dieser Familie, die in einer benachbarten Höhle begraben liegt.

Im Kidrontal

Breite Mauer   vgl. S. 39

Davidstadt (Areal G)   Die ausgegrabene Höhe des terrassenförmigen Baus beträgt 17 m. Er stammt aus dem 10.–6. Jh. v. Chr., der Zeit der Könige Judas, und scheint die »Zions-Zitadelle« zu sein (2 Sam 5), die König David und die Könige nach ihm weiter befestigten. Die Mauern neben dem Turm stammen aus der späteren Zeit des Zweiten

Tempels und der byzantinischen Zeit. Im Zentrum der Stätte, über den Ruinen, die der Epoche vor König David zugerechnet werden – der kanaanäischen Zeit –, befindet sich das »Beth Achiel«, welches wiederum typisch für die israelitische Ära ist. Hier sieht man auch die Überreste des »Hauses der Siegel«, in dem man 51 Tonsiegel gefunden hat, einer davon mit der Inschrift »Gemaryahu Ben Schafan«; Schafan war ein Dichter zur Zeit des Königs Jojakini und wird im Buche Jeremia erwähnt. Dies ist deswegen bemerkenswert, weil die Archäologen nur selten auf Namen stoßen, die in der Bibel vorkommen. Sowohl die Ruine als auch die Siegel sind also über 2600 Jahre alt. Die Überreste des Hauses mit Namen »Das verbrannte Zimmer« sind Zeugen der Verwüstung durch die babylonische Eroberung, durch die auch der Erste Tempel zerstört wurde.

Hiskia-Tunnel Ein grandioses technisches Monument, besonders, wenn man die Entstehungszeit bedenkt. (Er entstammt zwar derselben Epoche wie der Warren-Shaft, ist mit diesem aber nicht identisch.) Im Jahre 701 v. Chr., zur Zeit der Herrschaft des Königs Hiskia, bedrohte das assyrische Heer unter dem König Sanherib die Stadt Jerusalem (2 Chr 32). Um eine Eroberung der Stadt abzuwehren, befestigte Hiskia die Nordmauer, die sich zu jener Zeit westlich und nördlich längs der Stadt an den Abhängen des Zionsbergs entlangzog. Er ließ die Wasserlöcher außerhalb der Stadt verstopfen, um die Wasserversorgung des assyrischen Heeres zu behindern. Gleichzeitig aber leitete er das Wasser der Gichon-Quelle, die sich außerhalb der Stadtmauern befand, durch einen langen, in den Felsen geschlagenen Tunnel in die Stadt. Dies war ein sehr schwieriges und kompliziertes Unternehmen, denn der Tunnel hatte eine Länge von 533 m und erreichte eine maximale Tiefe von 52 m unter der Oberfläche mit einem Gefälle von nur 4 Promille. All dies wurde mit den primitiven Werkzeugen von vor rund 2700 Jahren ausgeführt! Darüber hinaus näherte sich während der Bauzeit die feindliche assyrische Armee, weshalb es nötig wurde, eine zweite Grabungstruppe aus der Stadt in Richtung Quelle, also in entgegengesetzter Richtung, einzusetzen. Wie trafen sich die zwei Gruppen? Eine mögliche Lösung wird in einer Inschrift, die im Jahre 1880 in diesem Tunnel gefunden wurde, angedeutet. Das Dokument wurde am letzten Tage der Grabungsarbeiten am Ausgang des Tunnels geschrieben und stellt die längste Inschrift dar, die aus jener Epoche gefunden und in frühen hebräischen Schriftzeichen geschrieben worden ist (Paleo Hebraio). Hier wird angedeutet, daß die zwei aus entgegengesetzter Richtung aufeinander zuarbeitenden Werkgruppen einer natürlichen Felsspalte folgten. Dies erklärt sowohl die Versorgung der Arbeiter mit der nötigen Luft als auch die vielen Windungen des Tunnels und die Genauigkeit des Zusammentreffens der zwei Gruppen in der Tiefe der Erde. Tatsache ist, daß der Tunnel vor der Ankunft des assyrischen Heeres fertiggestellt und die Stadt gerettet werden konnte. Weder in der 2 Chr 32 noch in assyrischen Chroniken wird eine Eroberung Jerusalems erwähnt.

Zum Waten im Wasser geeignetes Schuhwerk und Kleidung sind wichtig!

8–16 Uhr (im Winter 8–13 Uhr)
Eintritt frei

»Israelitischer Turm« vgl. S. 41

Silwan Dort, wo sich heute das arabische Dorf befindet, hat sich vermutlich die Geschichte König Davids und Bathsebas ereignet.

Jerusalem zur Zeit Jesu: Das Modell im Garten des Holyland Hotels veranschaulicht Geschichte

Wenn wir annehmen, daß die Davidstadt ähnlich wie das Dorf heute (auf gleich steilem Abhang) erbaut war, wird uns die Erzählung verständlich (2 Sam 11). Das Königshaus überragte sicher die übrigen Häuser der Stadt, direkt unter ihm befand sich das Haus des Heerführers Uria. Dessen Frau, Bathseba, nahm eines Tages ein Bad auf dem Dach ihres Hauses. König David, der sie dabei beobachtete, begehrte sie und machte sie zu seiner Frau, nachdem er den Heerführer Uria in den Tod geschickt hatte. Wir lenken unsere Aufmerksamkeit auch auf die Öffnungen im Felsgestein, welches das Dorf durchzieht. Es sind Begräbnishöhlen, die der Zeit der israelitischen Könige zugehören (ca. 1000–586 v. Chr.).

Warren-Schacht Antikes Wasserversorgungssystem. Am Eingang eine Reihe von Funden der Ausgrabungen, Fotos der Stätte vor den Ausgrabungen sowie ein Modell der Wasserleitung, die der Zeit der israelitischen Könige zugerechnet wird – also nahezu 3000 Jahre alt ist! Manche Teile sollen sogar, ungenaueren Angaben zufolge, noch älter sein und aus der Zeit der Eroberung der Stadt der Jebusiter durch König David stammen. In diesen Angaben wird die Besetzung der Stadt durch die Einnahme eines pfeilerartigen Schachts beschrieben (2 Sam 5). Falls diese Version richtig sein sollte, so ist es der vor uns liegende Schacht, durch den einer der Leute König Davids eindrang und den Kriegern die Tore der Stadt öffnete. Die vielen Treppen enden in einem vertikalen Schacht, der direkt zu einer Rinne führt, die das Wasser der Gichon-Quelle (besser als Shiloah bekannt) von außen her in die Stadt leitete. Die Einwohner schöpften dann gefahrlos das Wasser der Quelle, die sich außerhalb der Stadt befand.

Die Besichtigung schließt Ab- und Aufstieg über viele Treppen ein!
9–17 Uhr, einschließlich Sa, Fr 9–14.30 Uhr
Eintritt, Studentenermäßigung

Zaharia-Grabmal Das monolithische Denkmal, das von der jüdischen Überlieferung dem Propheten Zaharia (Sacharja) zugesprochen wird – es wird aber auch die Meinung vertreten, es gehöre zu den Gräbern des Geschlechtes der Bene-Chesir –, wirkt wie aus dem umgebenden Fels gemeißelt. Die Höhe der Grabstätte beträgt 12 m, sie hat ein pyramidenförmiges Dach, das hellenistisch-ägyptischen Einfluß bezeugt.
Im Kidrontal.

Jerusalem zur Zeit des Zweiten Tempels und zur Zeit Jesu: das Miniaturmodell des antiken Jerusalems und die Ausgrabungen des Archäologischen Gartens

Zur Orientierung, Einstimmung und Beflügelung der eigenen Phantasie empfiehlt sich vor der Besichtigung der Relikte des herodianischen Jerusalems... ein Hotelbesuch. Im Garten des Hotels Holyland findet man nämlich auf einer Fläche von zehn mal zehn Metern ein sehr eindrucksvolles *Modell der Stadt* (im Maßstab 1 : 50), wie sie zur Zeit des Zweiten Tempels, vor ihrer Zerstörung durch die Römer im Jahr 70 n. Chr., vermutlich aussah. Man sieht den Verlauf der Stadtmauern, den Palast und Tempel des Herodes, die Antonia-Zitadelle u. a. m. Nicht nur der Herodes-Tempel wurde von den Römern zerstört, sondern auch fast die gesamte übrige Stadt. Die wenigen Überreste aus dieser Zeit, die im Gebiet des Tempelberges gefunden wurden, kann man im *Archäologischen Garten* der Ophel-Ausgrabungen sehen. In dem Ausgrabungskomplex wurden über 25 verschiedene Schichten freigelegt, u. a. Teile der herodianischen Tempelmauer und die sogenannten *Robinson-* und *Wilson-Bögen.* Schließlich befindet sich auch in unmittelbarer Nähe die *Klagemauer,* eines der Wahrzeichen der Stadt Jerusalem. Weitere Zeugnisse der herodianischen Epoche in der Altstadt sind im Jüdischen Viertel *(Herodianische Wohnquartiere* und *»Verbranntes Haus«)* und in der Nähe der Via Dolorosa *(Betsheda-Teich* und *»Gefängnis Christi«)* zu finden.

Archäologischer Garten Ophel

Ausgrabungen aus der Zeit Herodes'. Im Südwesten enorme Steinquader, die Herodes zum Bau des Zweiten Tempels benutzte (mit Gewichten von bis zu ca. 60 t und mehr). Nördlich der Klagemauer wurde ein Steinblock mit einem Umfang von 6 x 5 x 11 m und einem Gewicht von 400 t gefunden. Diese massive Bauart gewährte Sicherheit, ersparte die kostspielige Bearbeitung kleinerer Steine und die Verwendung von Mörtel und ging dadurch schneller vonstatten. (Sklaverei gab es im Judentum damals nicht, das Heiligtum wurde von Freiwilligen erbaut.) Über sich sieht man das Ende des gewaltigen Robinson-Bogens, der zum Süden des Tempelberges, zur »Basilika«, führte. Die Straße zur Linken, zu der der Bogen führte, war besonders zu den Wallfahrtsfesten überaus stark frequentiert. Weiter nördlich sieht man große Straßenfliesen, die von Steinblöcken unterschiedlicher Größe bedeckt sind. Diese Blöcke wurden von den Römern bei der Zerstörung des Tempels (70 n. Chr.) dorthin herabgeworfen. In späteren Zeiten verhinderte dies die Benutzung der Straße, und man legte eine Parallelstraße 10 m weiter westlich an. So füllte sich die steinbedeckte Straße im Laufe der Zeit mit Erde und dient jetzt als Mahnmal der Tempelzerstörung. Am Ende des Fußweges findet man ein tiefes Loch, das Einblick in nichtfreigelegte Schichten der Stützmauern gewährt. Um diesen Mauern besondere Festigkeit zu geben, baute man sie meist auf den Grundfesten des Berges, selbst wenn man dazu bis zu 20 m tief in die Erde eindringen mußte. Interessanterweise sind diese Steine, obwohl sie im Boden vergraben waren, sauber bearbeitet. Dann passiert man die Tore der Mauer aus der Türkenzeit (von 1540 an) und befindet sich außerhalb der Stadt. In der Frühzeit jedoch war auch dieses Gebiet von der Mauer umgeben und gehörte somit zum Stadtgebiet. Der behauene Stein links in der Mauer zeugt von der damals üblichen Wiederbenutzung des Baumaterials. Es finden sich hier Steine einer byzantinischen Kirche in einer türkischen Mauer – ein Zeitunterschied von ca. 1000 Jahren. Beim Besteigen der Treppen, die zu der massiven Südwand des Tempelberges führen, bemerkt man eine auffällige Uneinheitlichkeit der Stufen. Damit wollten die Baumeister ein Verlassen des Heiligtums durch das Doppelte Tor« im Laufschritt vermeiden, was wegen der Heiligkeit des Ortes als nicht angemessen galt. Ein besser erhaltenes Tor als das »Doppelte« ist das »Dreifache Tor«, durch das der Tempel betreten wurde. Beide Tore sind seit rund 1000 Jahren vermauert. Tunneltreppen, die von diesen Toren zum oberen Tempelplatz führten, existieren heute noch, doch der Zutritt zu ihnen ist verboten. Rechts der Tore befinden sich eine Anzahl von Tauchbädern, die für die rituelle Reinigung vor dem Aufstieg in das heilige Gebiet des Tempels benutzt wurden. Sie waren zu jener Zeit natürlich geschlossene und überdachte Bauten. Die übrigen Stätten des Archäologischen Gartens befinden sich im Süden. Einige gehen vermutlich auf die Zeit König Salomos (960 v. Chr.) zurück. Ein

Rundgang dort (Erklärungsschilder sind vorhanden) wie auch in der Nähe des Aussichtsturms lohnt sich. Für näher Interessierte ist der Erwerb der am Eingang erhältlichen Broschüre »Der Ophel« empfehlenswert.

So–Do 9–17, Fr 9–15 Uhr
Eintritt, Studentenermäßigung
Eingang am Mülltor (Schaar Haschpot)

Betsheda Teich vgl. S. 26

Gefängnis Christi vgl. S. 27

Herodianisches Wohnviertel vgl. S. 41

Klagemauer Die Klagemauer ist ein Teil der westlichen Stützmauer des Tempelberges (daher auch der häufig benutzte Name »Western Wall«). Es ist nicht ganz eindeutig, warum gerade dieser Mauerteil von der Überlieferung für einen Überrest des Tempels und damit für heilig erklärt wurde. Tatsache ist, daß die Klagemauer seit der Zerstörung des Tempels zum Zentrum für betende Juden aus aller Welt geworden ist. Die untersten Steinreihen der Mauer stammen aus herodianischer, die Mittelschicht dagegen aus moslemischer Zeit. Diese Schicht wurde im 7. Jh. vor dem Bau des Felsendoms restauriert. Die oberen Schichten gehören dem 19. Jh. an. Der große Vorplatz wurde nach dem Junikrieg 1967 angelegt, nachdem einige baufällige Häuser, die bis auf 3 m an die Mauer heranreichten, niedergerissen worden waren. Der Zwischenraum zwischen Häusern und Mauer war vorher so eng, daß er nur wenigen Personen Platz bot. Andererseits sagt man jedoch, daß die Mauer durch den weiten Vorplatz viel von ihrem imposanten, hohen und hoheitsvollen Eindruck verloren habe. Der heutige Platz vor der Klagemauer ist durch eine Wand in zwei Teile geteilt (Männer und Frauen). Diese Trennung der Geschlechter besteht laut Überlieferung auch in der Synagoge. Große Unterschiede hört man sowohl im Gebetsstil als auch in der Liturgie, welche je nach Herkunftsland der Betenden variiert. An der Klagemauer mischen sich Gebete und Melodien aus den arabischen Ländern mit denen aus Ost- und Westeuropa und den Vereinigten Staaten. Besonders interessant ist ein Besuch hier am Sabbat, an Feiertagen oder montags und donnerstags, Tage, an denen Abschnitte aus der Thora vorgelesen werden und viele zum Gebet versammelt sind. An den übrigen Tagen findet man viele einzelne Betende, eingehüllt in ihren weiß-schwarzen Gebetsschal, den »Tallit«. An ihrem linken Arm sowie an ihrer Stirn sieht man die Gebetsriemen, die »Teffilin«, die je eine Lederkapsel mit auf Pergament geschriebenen Thoratexten enthalten. Montags und donnerstags kann man auch häufig Konfirmationszeremonien (»Bar Mitzwa«) dreizehnjähriger Knaben beobachten, die am Tage ihres 13. Geburtstages zum ersten Mal öffentlich in der Thora lesen und »Tallit« und »Teffilin« benutzen. Viele fromme Besucher stecken Zettel mit Bittgebeten in die Ritzen der Klagemauer, daher die vielen weißen Papierstückchen. Heute finden an der Mauer auch Vereidigungs-Zeremonien der verschiedenen militärischen Einheiten der israelischen Armee statt. Viele Juden, besonders die orthodoxen, wenden sich jedoch gegen diese »Profanisierung« des Ortes.

Modell Jerusalems zur Zeit Jesu und Herodes' Dieses Modell (Maßstab 1 : 50) zeigt die Stadt in all ihrer Pracht kurz vor der Zerstörung durch die Römer (70 n. Chr.). Der Archäologe Prof. M. Avi-Ona konzipierte das Modell, wobei er sich auf jüdische und römische schriftliche Quellen sowie auf Ausgrabungen in Jerusalem und in der römischen Welt stützte. Die wenigen Ungenauigkeiten des Modells sind dem Zeitpunkt seiner Ausführung (vor 1967) zuzuschreiben, also vor dem Beginn der umfangreichen Ausgrabungen in Jerusalem im vorher arabischen Ostteil der Stadt. Die wichtigsten Bauten des Modells sind: im Westen drei riesige Türme, die das Hauptportal der Stadt bewachten. Der höchste von ihnen erreichte, Augenzeugen zufolge, die beträchtliche Höhe von 75 m. Die heutige »Zitadelle« am Jaffa-Tor ist auf den Grundfesten eines dieser Türme erbaut. Weiter südlich der prächtige Palast des Königs Herodes. Sein Palast, gegen die Stadt hin befestigt, zeugt von seiner Furcht vor dem Volk, über das er (unter dem Schutze Roms) herrschte. Von den Türmen aus erstreckten sich die drei Stadtmauern, von denen die äußerste und längste erst kurz vor dem Aufstand gegen Rom (66 n. Chr.) fertiggestellt wurde. Besonders wichtig ist die Verlaufslinie der zweiten Mauer für die genaue Bestimmung des Grabes Jesu. Der Überlieferung nach wurde Jesus nahe der Mauer begraben, jedoch außerhalb derselben, da sich nach jüdischem Gesetz kein Grab innerhalb der Stadtmauer befinden darf. Die westliche Anhöhe (die Oberstadt) Jerusalems führte von den Türmen nach Osten bis in die Nähe des Tempelberges. Dies war das Wohnviertel der Vornehmen und Reichen, wie auch die Ausgrabungen im Jüdischen Viertel durch Größe und Bauform der Häuser bestätigen. Der Süden, das Gebiet der Davidstadt, wurde von der ärmeren Bevölkerung bewohnt. Die Davidstadt lag zwischen dem Kidrontal und dem Hinnomtal im Westen. Die krassen Unterschiede zwischen dem Pomp der Oberstadt und der Armut der Unterstadt werden auch von Jesus einige Male erwähnt. Drei Bauten des Modells, durch die Prof. Avi-

Jona den Einfluß Roms auf die Stadt beweisen wollte, entsprechen nicht der Wirklichkeit ihres historischen Standortes. Weder für die Paläste der Königin Heleni von Adiabene in der Davidstadt, die im Jahre 35 n. Chr. mit ihrem Volke zum Judentum übergetreten ist, noch für die zwei Bauwerke römischen Stils, das »Theater« und das »Hippodrom«, sind Beweise bei den Ausgrabungen gefunden worden.

Nördlich der Davidstadt (Unterstadt) der Tempelberg, den die Pilger von Süden her durch das Eingangstor auf den bis heute erhaltenen Treppen betraten, die durch lange Tunnel bis nach oben zum Vorhof des Tempels führten. Dieser Tempelberg ist eine riesige künstliche Erweiterung des relativ kleinen Moriah-Berges, die unter König Herodes ausgeführt wurde, um die Errichtung seines monumentalen Tempelbaus auf dem Berg zu ermöglichen. Die enormen Stützmauern dieses künstlichen »Berges« waren rund 50 m hoch und 5 m breit. Die größte noch bestehende von ihnen ist die Westmauer, die Klagemauer. Durch Anfüllung des Raumes zwischen den Stützmauern und dem natürlichen Moriah-Berg entstand eine riesige tafelartige Fläche von 480 x 280 m. Im Südteil des Tempel-Vorhofes erbaute Herodes die große »Basilika« als Handelszone. Dort wurden die Opfertiere von den Wallfahrern erworben, und dort wechselten sie das Geld ihrer Heimatländer in jüdische Schekel für die Abgaben im Heiligtum. Die Tätigkeit dieser Händler im heiligen Bereich des Tempels erzürnte Jesus: Er warf ihre Verkaufsstände um und vertrieb die Wechsler (Mt 21,12). Ein besonderer Eingang führte über einen hohen Bogen (heute Robinson-Bogen genannt) zur »Basilika«. Durch die Riesenausmaße des Tempels und seines Vorhofes wollte Herodes den rund 250 000 jüdischen Pilgern (normalerweise betrug die

Einwohnerzahl der Stadt zu dieser Zeit etwa 100 000) ermöglichen, sich zu den drei Wallfahrtsfesten (Pessach, Schawuoth, Sukkoth) auf dem Tempelhof zu versammeln. Das Tor, welches zum Heiligtum führte, war das Geschenk eines Juden aus Alexandrien namens Nikanor – auf dem Skopusberg fand man auch ein Grab mit der Inschrift »Nikanor, der Errichter des Tores«. Den Tempelbezirk umschloß ein niedriges Gitter, das Nichtjuden am Betreten des Heiligtums hinderte. Eine der vielen diesbezüglichen Warntafeln in griechischer und lateinischer Sprache kann man im Rockefeller-Museum (S. 71) sehen. Nördlich des Tempels befindet sich die »Antonia-Zitadelle«, hier wurde Jesus vom römischen Prokurator verurteilt, und hier begann sein Leidensweg, die Via Dolorosa.

Holyland Hotel, Bayit we-Gan 1
Tgl. 8–17 Uhr
Eintritt, Studentenermäßigung

Robinson-Bogen Dieser Bogen, 19 m hoch und 15 m breit, verband die Straße mit dem Tempelberg; er ist der erste bekannte brückenartige Straßenübergang der Welt mit der Breite einer vierspurigen modernen Straße. Der Bogen wurde im Jahre 1838 von dem amerikanischen Gelehrten Edward Robinson entdeckt und trägt deshalb seinen Namen. Bemerkenswert ist, daß der Bogen bis zu seiner Ausgrabung in voller Höhe mit Erde bedeckt war. Dies läßt sich noch sehr gut an dem Erdwall im Norden feststellen, über welchen man heute den Tempelplatz betritt.

Im Archäologischen Garten Ophel
Eintritt, Studentenermäßigung
So–Do 9–17, Fr 9–15 Uhr

Verbranntes Haus vgl. S. 42

Wilson-Bogen Nach seinem Entdecker benannt. Der Bogen besteht aus einem Netz von Durchgängen und Bögen aus islamischer Zeit, die an Stelle eines großen herodianischen Brückenbogens gebaut wurden, der die Oberstadt vom Westen her mit dem Tempel-Vorplatz verband. Am Ende eines großen Saales, zu dem die Gänge führen, gibt es eine kleine Pforte, die nur an den drei Wallfahrtsfesten geöffnet ist und in einen Tunnel führt, der sich Hunderte von Metern in Richtung Norden längs der Mauer hinzieht.

Nördlich der Klagemauer
So, Di, Mi, 8.30–15 Uhr, Mo, Do 12.30–15 Uhr, Fr 8.30–12 Uhr

In den Fußstapfen Jesu: Vom Ölberg zur Via Dolorosa und zur Grabeskirche. Nicht nur eine Tour für Pilger

Sie bietet Stätten von historischer Bedeutung und landschaftliche Schönheiten auch für denjenigen, dessen Interesse nicht so sehr von christlicher Frömmigkeit geprägt ist. Es ist dennoch empfehlenswert, das Neue Testament auf dieser Tour bei sich zu haben; das Wort des Bürgermeisters von Jerusalem, Teddy Kollek, »die Bibel ist der beste Reiseführer für Jerusalem« bewahrheitet sich auch – vielleicht sogar besonders – für den letzten Weg Jesu. Jesus kam als Wallfahrer – einer unter vielen Tausenden – nach Jerusalem, um hier nach jüdischem Brauch das Pessahfest zu begehen und den Tempel zu besuchen. Durch eine Reihe von Reden und Taten auf dem Tempelberg, bei denen er sich als Messias zu erkennen gab, zog Jesus die Aufmerksamkeit des Volkes auf sich. Von den römischen Besetzern wurde dies als Auflehnung gegen die Obrigkeit angesehen. Insbesondere zur Zeit der Massenansammlungen zum Pessahfest machte sich Jesus durch sein Verhalten im Tempelbezirk – das Umwerfen von Verkaufsständen und die Vertreibung der

Wechsler (Joh 2,15) – in den Augen der jüdischen Priester und der Römer zu einer suspekten Persönlichkeit. Der römische Geschichtsschreiber Josephus Flavius beschreibt, wie die römischen Soldaten auf Störungen der Ordnung mit brutalen Massakern reagierten. Römischer Prokurator zur Zeit Jesu war Pontius Pilatus, diesem hatten die Priester (und an deren Spitze der Hohepriester) Rechenschaft über die Aufrechterhaltung der Ordnung im Tempelbezirk abzulegen. Jesus wurde nach den Zwischenfällen im Tempelbezirk verhaftet, und der Hohepriester übergab ihn der römischen Gerichtsbarkeit, die ihn als Aufrührer gegen Rom zum Tode durch Kreuzigung verurteilte. Jesu Leidensweg vom Garten Gethsemane bis zu seiner Kreuzigung auf Golgatha ist heute auf der Via Dolorosa durch Stationen gekennzeichnet und so für jeden Pilger nachvollziehbar.

Die Tour folgt den Geschehnissen um Jesus während der letzten zwei Wochen seines Lebens. (Die Strecke ist etwa 3,5 km lang mit einem ziemlich steilen Abstieg vom Ölberg.)

Sie gliedert sich in drei Abschnitte, die auch einzeln unternommen werden können: a) die Kirchen des Ölbergs, die den Ereignissen vor Jesu Ergreifung sowie seiner Auferstehung gewidmet sind; b) die Stationen der Via Dolorosa; c) die Grabeskirche. Diejenigen, die alle Stätten an einem Tage besichtigen wollen, sollten nicht später als 8.15 Uhr beginnen; denn die Kirchen schließen alle, mit Ausnahme der Grabeskirche am Ende, zu einer langen Mittagspause.

Der Spaziergang beginnt an der Spitze des *Ölberges* in der Nähe des Hotels Intercontinental, von wo aus man einen besonders schönen Blick über die Altstadt hat. Es empfiehlt sich, von diesem Aussichtspunkt aus zuerst die nahe gelegene *Himmelfahrtskapelle* (im Norden) und die *Pater-Noster-Kirche* (im Süden) zu besichtigen, bevor man auf dem steilen Weg den Ölberg hinab zur *Dominus-Flevit-Kirche*, der *Maria-Magdalena-Kirche*, dem *Garten Gethsemane*, dem *Grab Marias* und der *Gethsemane-Grotte* geht. Auf dem Weg zum Löwentor, wo der zweite Abschnitt der Tour beginnt, sieht man an der Straße noch das Denkmal für die im Juni 1967 gefallenen israelischen Soldaten – ein schwarzer Engel mit gestutzten Flügeln. Die *Via Dolorosa*, der Leidensweg Christi, windet sich vom *Löwentor* durch die Altstadt bis zur *Grabeskirche*, in der sich die letzten vier Stationen befinden. Im Verlauf dieses Abschnitts passiert man außer den 14 Stationen der Passion auch das *St.-Anna-Kloster*, den *Bethesda-Teich*, den *Lithostrothus* und den *Ecce-Homo-Bogen*, die – wie auch das skurrile Dorf *Deir al Sultan* auf dem Dach der Grabeskirche – zwar nicht unmittelbar mit dem Passionsweg Jesu verbunden, aber dennoch eine Besichtigung wert sind.

Bethesda-Teich   Im Hofe des St.-Anna-Klosters wurden Überreste eines großen Wasserreservoirs aus der Zeit des Zweiten Tempels freigelegt. Jesus soll an dieser Stelle die Wunder der Krankenheilungen verrichtet haben. Hier stand einst eine große, im Jahr 614 zerstörte byzantinische Kirche. Im Teich selbst die Ruinen einer Kreuzritterkirche, zu denen man auf Stufen herabsteigen kann.
Im Hof des St.-Anna-Klosters
Tgl. 8.30–11.45, 14–17 Uhr

Deir-al-Sultan   Klosterdorf christlicher Mönche aus Äthiopien. Eine Siedlung aus etwa 20 geweißten Lehmhütten auf dem Dach der Grabeskirche.
Besuch tagsüber möglich
Kleine Spende erbeten

Dominus-Flevit-Kirche Hier beweinte Jesus der Überlieferung nach die bevorstehende Zerstörung Jerusalems und des Tempels (Lk 19, 41–44). In dieser Dominikanerkirche, 1954 in Form einer Träne erbaut, weist der Altar ungewöhnlicherweise nach Westen. Das zum Tempelberg gerichtete Fenster ist symbolisch mit Dornenkronen und Tränen geschmückt. Am Eingang und in der Kirche selbst Bodenmosaiken, vermutlich aus byzantinischer Zeit (6. Jh. n. Chr.). Im Hof fand man eine Grabhöhle mit Särgen, in denen Knochen der Verstorbenen aus Zeiten des Zweiten Tempels gesammelt wurden.
Auf dem Ölberg
8–11.45, 15–17 Uhr

Ecce-Homo-Bogen Benannt nach den Worten des Pilatus »Ecce Homo« (Sehet, welch ein Mensch, Joh 19,5); der Mittelbogen eines ursprünglich dreifachen Triumphbogens aus der Zeit des Kaisers Adrianus (135 n. Chr.), der sich über die Via Dolorosa spannt und dessen nördlicher Teil sich heute in der »Ecce-Homo-Basilika« über dem Altar befindet. Seine massiven Pfeiler enthalten Nischen, in denen wahrscheinlich zu römischer Zeit Kaiserbüsten standen. Die Basilika sowie »Notre-Dame-de-Sion« daneben wurden von dem zum Katholizismus konvertierten Straßburger Juden (und späteren Abt) Alfons Ratosbonne um 1860 errichtet.
Via Dolorosa, zwischen der II. und III. Station

Garten Gethsemane (Gat Schamanin) Garten mit uralten Olivenbäumen. Hier wurde 1924 die »Gethsemane-Kirche« errichtet, auch »Todesangstbasilika« (Basilica of Agony) genannt. In der Nähe des Eingangs steht einer der ältesten Ölbäume des Gartens, der Überlieferung nach derjenige, unter dem die Jünger auf Jesus warteten, als dieser

sich zum letzten Gebet vor seiner Ergreifung zurückzog (Lk 22,42). Sogar der Stein, auf dem er betete, ist von der Überlieferung lokalisiert worden: Er befindet sich innerhalb des Kirchenraumes (daher die Basilika der Todesangst) in der Nähe des Altars und ist von einem dornenkronenartigen Gitter umgeben. Der schöne Mosaikfußboden, eine moderne Kopie nach Vorlage des Originals (4. Jh.), der durch gläserne Bodenplatten geschützt ist, zeigt Jesus bei seinem letzten Gebet und seine Gefangennahme. Die Kirche wurde durch katholische Spenden aus aller Welt finanziert, daher auch »Kirche aller Nationen«.
Am Fuße des Ölbergs
8–12, 14.30–18 Uhr

Gefängnis Christi (Prison of Christ) (In griechisch-orthodoxer Hand). Der Eingang führt uns in ein unterirdisches Verlies aus der Zeit des Zweiten Tempels (es ist ratsam, am Eingang eine Kerze zu erwerben). In der lichtlosen Höhle an den Wänden Eisenketten für die Gefangenen. Man verweile hier ein wenig, um die Stimmung der Gefangenen nachzuempfinden, die oft monatelang das Tageslicht nicht sahen. Der Überlieferung nach wurde Jesus bis zu seiner Aburteilung durch Pilatus hier gefangengehalten.
Via Dolorosa

Gethsemane-Grotte Eine Überlieferung will es, daß die Jünger hier und nicht im Garten Gethsemane während der letzten Nacht auf Jesus warteten und einschliefen (Mt 26,36).
Am Fuße des Ölbergs
8.30–11.45, 14.30–17 Uhr

Grabeskirche (Church of Holy Sepulchre) Die wichtigste Stätte des Christentums in Jerusalem, für die katholische und die orthodoxen östlichen Kirchen eine der heiligsten Stätten der Welt. Anglikanische

Älter als das Christentum: Ölbäume im Garten Gethsemane

Protestanten glauben, daß das Grab Jesu nicht hier, sondern außerhalb der jetzigen Stadtmauern liegt. In der Grabeskirche befindet sich der Felsen Golgatha, die Stätte der Kreuzigung und das nach seiner Auferstehung leere Grab Jesu. Der imposante und komplizierte Bau, vom engen Häusergewirr des arabischen Shuks umgeben, verlor durch Anbauten aus den verschiedenen Zeitepochen viel von seiner Schönheit.

– **Geschichte**   Der Überlieferung nach wurde Jesus auf dem Felsen Golgatha (»Golgulta« aramäisch: »Felsen in Form eines Menschenschädels«) gekreuzigt (Joh 19,17). Nach seinem Tode wurde der Leichnam Jesu von Josef von Arimathaia vom Kreuz genommen und in der Nähe »in einem Garten« begraben. Über den genauen Ort dieses Gartens gehen die Meinungen auseinander: Der Tradition gemäß sollte das Grab nahe der Stadtmauer, jedoch außerhalb derselben liegen, da Totenbestattungen nach jüdischem Gesetz innerhalb der Stadtmauer auch zu Jesu Zeiten verboten waren (Joh 19,40–41). Die Lokalisierung des Grabes hängt also von der jeweiligen Auffassung über den Verlauf der Stadtmauer zu Jesu Zeiten ab. Von den Anglikanern wird die Authentizität der Grabeskirche als Ort des Grabes mit dem Argument bestritten, der Golgatha-Felsen sollte sich westlich der heutigen Stadtmauer befunden haben, der Ort der heutigen Grabeskirche habe also nicht außerhalb der damaligen Stadtmauer gelegen. Archäologen sprechen beiden Stätten mögliche Authentizität zu, so daß eine »endgültige Lösung« der Frage unwahrscheinlich ist.

Die Geschichte der Kirche beginnt mit Kaiser Konstantin (324–337 n. Chr.), dessen Mutter Helena nach ihrer Ankunft in Jerusalem das ursprüngliche Kreuz Jesu sowie den Ort seines Grabes fand und über diesem den Grundstein zum Bau einer großen Basilika legte. Diese Basilika wurde im Jahr 614 durch die Perser zerstört, 629 n. Chr. jedoch von Kaiser Heraklitis wiederaufge-

Die Grabeskirche: Über dem Felsen Golgatha erbaut

baut. Die Eroberung Jerusalems durch den Islam 638 n. Chr. berührte die Rechte der christlichen Gläubigen zunächst nicht; 1009 jedoch ließ der fanatische Kalif Al-Hakim die Kirche vollkommen zerstören. 1030–48 wurden zunächst Teile von ihr durch Kaiser Manumachus mit Erlaubnis der Moslems restauriert, bis dann die Kreuzritter nach ihrer Eroberung Jerusalems die Kirche im Jahr 1099 vollständig restaurierten und vergrößerten: Eine riesige Kuppel wurde über die einzelnen Teile gebaut, die Vorderfront im Süden und der Glockenturm verschönt. Der Bau wurde im Jahre 1149 fertiggestellt, an seiner grundsätzlichen Struktur hat sich bis heute nichts geändert. 1808 brach in der Kirche ein großes Feuer aus. Wegen der Angst der verschiedenen Konfessionen, die Privilegien in der Kirche besaßen, vor einer Änderung des Status quo, wurden die Schäden jedoch bis 1955 nicht repariert. Erst dann begannen umfassende Restaurationsarbeiten, die bis heute noch nicht abgeschlossen sind.

Der erste Besuch der Kirche überrascht durch das Gewirr der ineinandergebauten Kapellen, Altäre und Ikonen. Dieses »Chaos« ist auf die verschiedenen Besitzverhältnisse der zahlreichen christlichen Konfessionen zurückzuführen, die jede für sich auf einen Anteil an den Stätten der Kreuzigung und des Grabes nicht verzichten wollten. Den häufigen Streitigkeiten über die Rechte in der Kirche machte die türkische Regierung 1852 durch ein Status-quo-Gesetz ein Ende, welches 1948 auch vom Staate Israel anerkannt und trotz erneuter Streitigkeiten konsequent angewandt wurde. Der Bau der Grabeskirche gehört heute gemeinsam der griechischen, armenischen und lateinischen Kirche. Die Syrer, Äthiopier und Kopten besitzen dort nur Kapellen und Altäre. Um Auseinandersetzungen zu vermeiden, sind die Gebetszeiten der einzelnen Konfessionen – besonders an den Festtagen – genau festgelegt.

– Vorplatz und Hauptportal der Kirche Vor dem Hauptportal der

Grabeskirche ein gepflasterter Vorplatz (12. Jh.) mit Säulenstümpfen, Überresten eines Arkadenganges aus byzantinischer Zeit. Der massive Glockenturm auf der linken Seite über der Märtyrer-Kapelle war einst ca. 3 Stockwerke höher. Durch ein Erdbeben wurde der obere Teil zerstört, die damalige ottomanische Regierung erlaubte den Wiederaufbau nicht. An der Westseite befinden sich drei griechische Kapellen und an der Ostflanke eine armenische Kapelle, ein griechisches Kloster sowie eine koptische Kapelle; rechts der Treppen der Eingang zu einer äthiopischen Kapelle. Durch die baulichen Gegebenheiten bedingt, liegt das Hauptportal der Kirche ungewöhnlicherweise im Süden. Das rechte Eingangstor wurde von Sultan Saladin im 6. Jh. zugemauert, über die linke Eingangspforte wacht seit Hunderten von Jahren eine moslemische Familie, die bis heute eine tägliche Pauschale von den drei Besitzer-Konfessionen erhält. Die architektonisch schöne Südfassade mit dem mit Spitzbögen, Friesen und Gesimsen versehenen Hauptportal ist wahrscheinlich dem doppelten »Goldenen Tor« des Zweiten Tempels nachgebildet. Wegen Rissen in den Reliefs wurden diese teilweise abgenommen; sie befinden sich heute im Rockefeller-Museum. Rechts vom Portal führt eine Treppe zur Kapelle »Our Lady of Dolours«. Von hier aus soll Maria die Kreuzigung ihres Sohnes Jesu beobachtet haben (Joh 19,25); darunter die griechisch-orthodoxe Kapelle »Maria aus Ägypten«. Als pikantes Beispiel für die außerordentlichen Machtproben um die Besitzrechte in der Kirche sei der Streit um das Reinigungsrecht der untersten Stufe der Treppe angeführt, die von dem Vorplatz der Grabeskirche zu der Kapelle »Our Lady of Dolours« führt. – **Im Inneren der Kirche**   Gleich rechts vom Eingang führen Treppen hinauf zur »Golgatha-Kapelle« und dem Golgatha-Felsen, der Kreuzigungsstätte. Der linke Teil der Kapelle gehört der griechisch-orthodoxen, der rechte der römisch-katholischen Konfession. Unterschiede zeigen sich in der Art des Dekors. Auf der katholischen Seite finden wir die *Zehnte Leidensstation:* Jesus wird seiner Kleider beraubt, und die *Elfte Station:* Hier wurde Jesus ans Kreuz genagelt. Die Kreuzigungsszene ist auf einem Mosaik dargestellt, zusammen mit einer Darstellung der Opferung Isaaks durch seinen Vater Abraham. Auf der linken (griechischen) Seite der Kapelle, unter dem Altar, finden wir die *Zwölfte Leidensstation*, den eigentlichen Ort der Kreuzigung: Jesus stirbt am Kreuz. Neben dem Stabat-Mater-Altar ein Bronzegitter mit der Inschrift: »Mein Gott, mein Gott, warum hast Du mich verlassen?« (Mt 27,46). Zwischen den beiden Kapellen eine Statue Marias, gekrönt mit einer diamantbesetzten Goldkrone. Dies ist die *Dreizehnte Leidensstation:* Hier soll Maria den Körper ihres Sohnes nach der Kreuzabnahme in Empfang genommen haben. Von hier führen Treppen hinab zu einem rötlichen Kalkstein, dem »Salbungsstein«, wo Josef von Arimathaia und Nikodemus den Leichnam Jesu salbten und in Leinentücher wickelten (Joh 19,40). Dieser Stein schützt den darunterliegenden, echten, vor den frommen Pilgern, die sich Stücke als Souvenirs herausbrachen. Unter der »Golgatha-Kapelle« findet man die griechisch-orthodoxe »Adamskapelle« (7. Jh.). Hier soll der Überlieferung nach Adam, der erste Mensch, im Innern des Felsens begraben sein. Die Sage erzählt, daß das Blut Jesu bei der Kreuzigung auf den Schädel des ersten Sünders geronnen sei, wodurch ihm die Erbsünde verziehen worden sei. Diese Überlieferung erklärt auch das Motiv des Schädels zu Füßen Jesu auf Darstellungen der Kreuzigung.

– Die Rotunde Auf dem Wege zur Rotunde passiert man eine armenische Kapelle mit Bodenmosaik. Die gewaltige ellipsenförmige Rotunde umgibt das Grab Jesu. Die Grabeskapelle *(Vierzehnte Station)* wurde 1810 im türkischen Rokokostil erbaut. Das Grab selbst, vom byzantinischen Kaiser Konstantin (335 n. Chr.) nicht in einer Grotte, sondern über dem Kirchenboden erhöht angelegt, besteht aus mehreren Teilen; vor dem Betreten bemerkt man viele große Kerzenständer, die den verschiedenen Besitzerkonfessionen gehören. Gebückt betritt man durch den niedrigen Eingang den ersten Teil des Grabes: die sogenannte »Engelskapelle«; hier soll der Engel Maria Magdalena und der Mutter Maria die Auferstehung Jesu verkündet haben (Mt 28,2). Im zweiten Teil des Grabes finden wir das Grab und den Grabstein Jesu. Ein Teil des Grabsteins befindet sich jedoch hinter der Wand auf seiten der koptischen Kapelle; die Kopten behaupten, daß sich das ruhende Haupt Jesu in ihrem Bereich befunden habe ... In den Wänden, die das Grab bedecken, bemerken wir seltsame Löcher: Hier entzündet sich alljährlich zu Ostern ein »heiliges Feuer«, das von Hunderten von christlichen Gläubigen mit ekstatischen Rufen begrüßt wird. Der große Saal, dem Grab gegenüber, ist griechisch-orthodoxes Gebiet, das »Katholikon«. Die ihn umgebenden Wände sind aus dem 20. Jh. und wurden nach vielen Streitigkeiten errichtet, um diesen Saal von der übrigen Kirche zu isolieren. Drei Dinge im »Katholikon« sind bemerkenswert: der große, prächtige Kronleuchter, ein Geschenk des russischen Zaren; die großartige »Ikonostase«, eine mit Ikonen geschmückte Trennwand zwischen Altar- und Gemeinderaum, hinter der sich die religiösen Zeremonien abspielen; und der »Omphalos«, der nach christlicher Überlieferung den Mittelpunkt (Nabel) der Welt darstellt. Auf der anderen Seite des Grabes (Westapsis), neben der koptischen Kapelle, befindet sich der Eingang zu einer syrischen Kapelle, die nach dem Brand im Jahre 1808 wegen eines Besitzerstreites mit den Armeniern nicht wiederaufgebaut wurde. Dort befinden sich die Grabeskrypten von Nikodemus und Josef von Arimathaia. Die Tatsache, daß hier diese anderen Gräber gefunden wurden, erhärtet die These, daß dieser Ort tatsächlich außerhalb der Stadtmauern gelegen hat, und erhöht somit die Wahrscheinlichkeit der Annahme, die Grabstätte Jesu befinde sich an diesem Ort. Nördlich der Rotunde liegt die katholisch-lateinische »Erscheinungskapelle« (Chapel of Apparition), die an ein Franziskanerkloster grenzt (die Franziskaner amtieren seit 1336 als Hüter des Heiligen Grabes). In der Sakristei der Kapelle befindet sich ein Ausstellungsraum, in welchem u. a. auch das Schwert des Kreuzritters Gottfried von Bouillon ausgestellt ist, der 1099 Jerusalem eroberte. Östlich von dort ein langer Korridor, der das «Katholikon« von drei Seiten umschließt: das »Ambulatorium«. An seinen Seiten einige Seitenkapellen und an seiner Ostfront, welche um die Apsis des Katholikons führt, drei Kapellen: die griechisch-orthodoxe »Kapelle des heiligen Longinus«, des römischen Offiziers, der in Jesus den Sohn Gottes sah (Mk 15,39); die armenische »Kapelle der Kleiderverteilung« durch die Soldaten (Mk 15,24); die »Kapelle der Verspottung«: Jesus soll hier stehend festgebunden und von den römischen Soldaten verspottet worden sein (Mk 15,16–20). Zwischen den zwei letztgenannten führt eine Treppe hinunter zur »St.-Helena-Kapelle«, benannt nach der Mutter des Kaisers Konstantin, Finderin des Kreuzes Jesu und Gründerin dieser Kirche. Längs der Treppe Hunderte von Kreuzen in den Wän-

Im Viertel Mea Shearim leben die ultra-orthodoxen Juden wie im
osteuropäischen Stetl des 18. und 19. Jahrhunderts

den. Der erste Teil der Kapelle ist armenisch; wir finden in ihr neue Bodenmosaiken mit dem Motiv der Arche Noah und der Darstellung armenischer Kirchen, die von den Türken im Ersten Weltkrieg zerstört wurden. Der zweite, tiefer gelegene Teil der Kapelle, ursprünglich ein byzantinischer Steinbruch, ist die Kapelle der Kreuzauffindung. Hier soll Helena das originale Kreuz Jesu gefunden und den Grundstein der Kirche gelegt haben. Teile des Kreuzes wurden nach Konstantinopel gesandt und von dort in vielen Teilstücken an Gläubige in aller Welt verteilt.

In der Kapelle der Kreuzauffindung befinden sich zwei Altäre; der linke, katholische, ist ein Geschenk des Grafen Maximilian von Österreich (19. Jh.). Über diesem ein Standbild Helenas, das Kreuz haltend.

Altstadt
4.30–19 Uhr

Grab Marias Von dieser auf byzantinischen Grundfesten (4. Jh.) erbauten armenischen Kirche aus der Kreuzritterzeit blieben nach der islamischen Zerstörung nur das Eingangstor und die lange Kreuzfahrertreppe erhalten, die zu dem in Stein gehauenen Grab Marias führt. Beim Abstieg die Treppe hinunter sieht man auf beiden Seiten eine Kapelle: links die »Josefskapelle«, dem Manne Marias gewidmet, und rechts das Grab Melisandis, Königin Jerusalems zur Kreuzritterzeit (1143–1154).

Auf dem Ölberg
Tgl. 6.30–12, 14–17 Uhr

Himmelfahrtskapelle Der sehr kleine achteckige Bau stammt aus der Kreuzritterzeit und steht seit 1187 auf islamischem Boden. Im Inneren der Kapelle befindet sich der Überlieferung nach im Felsen ein Fußabdruck Jesu. Die Tradition will es, daß er von hier aus in den Himmel auffuhr, nachdem der Aufer-

standene 40 Tage im Lande umhergewandert und verschiedenen Jüngern erschienen war (Lk 24,50). Jedes Jahr versammeln sich hier 40 Tage nach Ostern die verschiedenen christlichen Orden und Sekten zum Gebet und feiern das »Mahl der Auferstehung«. Nicht weit von hier der hohe Glockenturm des russischen Nonnenklosters, ebenfalls mit Fußabdruck Jesu im Fels und deshalb auch »Himmelfahrtskirche« genannt. Diese ist jedoch für Besucher geschlossen.

Auf dem Ölberg
Keine festen Besuchszeiten

Lithostrothus Diesen großen Komplex antiker Wasserzisternen (von Josephus Flavius »Strothoion« genannt) erreicht man über abwärtsführende Treppen und Holzbrücken. Der mit großen Steinplatten gepflasterte Hof bedeckt weite Teile der unterirdischen Zisternen und stammt aus der Zeit des Kaisers Adrianus (135 n. Chr.)

Das Informationsmaterial am Eingang ist hilfreich.

Via Dolorosa
Tgl. außer So 8.30–12.30, 14–17 Uhr

Löwentor (Shaar Haarajiot, St.-Stefanstor) Seinen Namen erhielt das Tor von den Löwenpaaren (eigentlich Panther), die in seinen Seitenflanken in Stein gehauen sind und mamelukkische Herrschaft bezeugen. St. Stefan, der urchristliche Märtyrer, wurde hier gesteinigt, daher auch St.-Stefanstor. Das Tor ist Teil der Stadtmauer Sultan Soliman des Prächtigen, hinter ihm beginnt die »Via Dolorosa«.

Maria-Magdalena-Kirche Zu empfehlen ist ein Rundgang um die herrliche russisch-orthodoxe Kirche mit ihren sieben goldschimmernden Zwiebeltürmen – der Großkirche in Moskau nachgebildet – und den schön bearbeiteten Steinwänden im

russischen Baustil des 16. und 17. Jh. Die Kirche wurde 1886 vom Zaren Alexander III. erbaut, im Rahmen des politischen Kampfes der europäischen Mächte um die Vormachtstellung in Jerusalem nach dem Verfall des Ottomanischen Reiches. Man wollte hier politische Präsenz etablieren, erbaute Stätten im typischen Stil der Heimatländer und bot damit gleichzeitig den eigenen Pilgern ein Stück Heimat in Jerusalem. In der Kirche befinden sich schöne Ikonen und Gemälde von vorrevolutionären russischen Malern.
Mo–Do 9–11.45, 14–16 Uhr
Auf dem Ölberg

Ölberg Einen sehr guten Aussichtspunkt gibt es auf der Spitze des Ölberges, mit Blick über ganz Jerusalem: Im Süden die Hügelkette des Gouverneurspalastes, das Hauptquartier der Uno in Israel, noch weiter südlich die neue Vorstadt Gilo. Im Südwesten: der Zionsberg mit der »Dormitio«-Kirche auf seiner Spitze, in seinem Zentrum die »St.-Peter-in-Gallicantu«-Kirche. Im Norden: der Skopusberg mit dem West-Campus der Hebräischen Universität, das neue Wohnviertel Givat Zarphatit und das Hyatt-Hotel. Darunter, am Abhang des Berges, der große jüdische Friedhof, der sich bis zum Kidrontal erstreckt; hier soll jüdischer Überlieferung zufolge nach der Auferstehung der Toten das Jüngste Gericht stattfinden. Daher versuchen bis heute viele Juden, sich auf diesem Friedhof eine Grabstätte zu sichern. Im Westen des Tales: die Stadtmauer mit dem Goldenen Tor in ihrem Zentrum und südlich davon das Rockefeller-Museum. Hinter der Mauer der Tempelberg mit dem Felsendom und seiner goldglänzenden Kuppel im Zentrum und die El-Aqsa-Moschee etwas weiter südlich. Westlich von dort das Jüdische Viertel, in dessen Süden die Ausgrabungen des »Ophel« und die »Davidstadt«. Rechts vom Felsendom die Grabeskirche, an ihren zwei Kuppeln zu erkennen; südlich von dort der weiße Turm der lutherischen »Erlöserkirche«.

Pater-Noster-Kirche Hier lehrte Jesus seine Jünger das Vaterunser, dessen Text in über 60 verschiedenen Sprachen auf Keramiktafeln sowohl in der katholischen Kirche als auch im anliegenden Karmeliterinnenkloster rund um die Wände nachzulesen ist. Links vom Eingang der Kirche Tafeln mit dem Urtext in Aramäisch und Hebräisch (Lk 11,2). Die Kirche wurde 1868 von der französischen Fürstin De-La-Tour-D'Avergne, die hier begraben liegt, erbaut. An der Vorderfront im rechten Raum befindet sich ihr Standbild in Lebensgröße. Im Zentrum dieser nichtüberdachten Freiluftkirche ein Altar auf einer Empore und darunter eine Krypta dort, wo Jesus seine Jünger das Vaterunser gelehrt haben soll.
Westlich von der Pater-Noster-Kirche die noch erkennbaren Umrisse einer frühen byzantinischen Kirche, die »Elona«, von der Mutter Kaiser Konstantins im 4. Jh. n. Chr. erbaut. Auf den Überresten wurde 1920 die neue Kirche des Karmeliterinnenordens errichtet.
Auf dem Ölberg
Mo–Sa 8.30–11.45, 15–16.45 Uhr, So geschl.

St.-Anna-Kloster Hier gebar Anna ihre Tochter Maria, die Mutter Jesu. Die Kirche wurde von den Kreuzrittern 1140 auf den Ruinen einer großen byzantinischen Kirche erbaut, die zusammen mit allen anderen bei der persischen Eroberung im Jahre 614 zerstört worden war. 1856 wurde sie durch den französischen Orden »Les Pères Blancs« erneuert. Die Kirche ist im romanesken Baustil mit seinen typischen Spitzbögen und ziselierten Oberfenstern erbaut. Ursprünglich hatte die Kirche ein Haupttor und zwei Seitentore, von denen nur noch das rechte existiert. Innerhalb des Eingangstors Treppen zur Krypta, dem Geburtsplatz Marias.

Via Dolorosa
Tgl. 8.30–11.45, 14–17 Uhr

Via Dolorosa   Die so bezeichnete Straße der Jerusalemer Altstadt deckt sich nicht vollkommen mit dem überlieferten Leidensweg Jesu. Der Ort der 14 Stationen (von denen nur 8 in den Evangelien erwähnt werden) ist nicht immer durch archäologische Funde abgesichert, sondern vielfach durch Übereinkunft der christlichen Konfessionen und Gläubigen festgelegt. Die Via Dolorosa beginnt am Löwentor und endet in der Grabeskirche.

Erste Station: die »Antonia-Zitadelle«, nach Mark Anton, Freund Herodes des Großen (40–4 v. Chr.), benannt. Heute befindet sich an ihrer Stelle die Omarya-Knabenschule. Falls diese geöffnet ist, sollte man nach oben zu den vergitterten Fenstern (nach Süden gerichtet) steigen, von wo aus man einen ganz ungewöhnlichen Blick auf den Tempelberg erhält. Die ehemalige Zitadelle dominierte den gesamten Tempelbergkomplex von Norden her, und an den jüdischen Festtagen hielt sich hier der römische Prokurator Pontius Pilatus auf, um das Geschehen auf dem Tempelberg übersehen zu können. Jeden Freitag um 15 Uhr beginnt hier eine Prozession mit einem Holzkreuz an der Spitze, angeführt von den Franziskanern, welche sich die ganze Via Dolorosa entlangbewegt und an der Grabeskirche endet. Die Teilnahme steht zwar dem Publikum offen, ist aber wegen des Andrangs nicht unbedingt zu empfehlen. Besonders feierlich ist die Prozession am Karfreitag des Osterfestes.

Zweite Station: etwas weiter rechts des Weges das Franziskaner-Kloster »Kapelle der Verdammung und Geißelung« (Chapel of Condemnation und Flagellation). Im Hofe der Franziskanerschule zwei Kapellen sowie ein archäologisches Museum. Die Westkapelle soll der Ort sein, an dem Jesus von Pilatus verurteilt wurde, die Ostkapelle der Ort seiner Geißelung durch die römischen Soldaten (Mk 15,2–20). In beiden Kapellen befinden sich Darstellungen des seine Hände in Unschuld waschenden Pontius Pilatus. Aus dem Talmud und den Hebräischen Schriften (Dt 21,7) wissen wir, daß diese Sitte des Händewaschens zur symbolischen Bezeugung der Unschuld am Blut eines Toten ein alter jüdischer Brauch ist. Das christliche Motiv des *römischen* Prokurators, der seine Hände nach traditionellem *jüdischem* Brauch »in Unschuld wäscht« (damit alle Schuld den Juden gibt), ist vor diesem historischen Hintergrund sicherlich zweifelhaft. In der Ostkapelle (1920 im Kreuzfahrerstil erbaut) ein Glasfenster, welches die Freude des zelotischen Rebellen Barabbas über seine Befreiung von Gefängnisstrafe und Kreuzestod darstellt. Als Motiv der Deckenmosaiken finden wir die Dornenkrone. Die »Geißelungskapelle« ist traditionsgemäß der Ort, an dem Jesus das Kreuz aufnahm und seinen Weg nach Golgatha begann. An der Kreuzung der Via Dolorosa mit der Talstraße (Ha-Gai-Str.) das »Österreichische Pilgerhospiz«, 1856 erbaut, doch heute geschlossen. Man wendet sich nach links in die Ha-Gai-Straße und findet dort auf der linken Straßenseite die *Dritte Leidensstation:* Hier soll Jesus das erste Mal unter der Last des Kreuzes zusammengebrochen sein. Heute steht hier eine kleine polnische Kapelle. Gleich daneben die *Vierte Station:* Jesus begegnete hier seiner Mutter Maria. In der Krypta der nahen armenischen »Kirche der Schmerzen Marias« gibt es ein byzantinisches Bodenmosaik mit dem Motiv dieser Begegnung und einem Fußabdruck, der von Maria stammen soll. Für eine kurze Rast sei das orientalische Restaurant »Abu Shukri« empfohlen (Kreuzung Via Dolorosa/Ha-Gai-Str.), dessen Humus-Spezialitäten (Kirchererbsenbrei) sehr schmackhaft sind. An eben dieser Kreuzung auch die *Fünfte Leidensstation.* Hier wurde Simon von Kyrene von den römischen Soldaten gezwungen, Jesus das Kreuz tragen zu helfen (Lk 23,26). Über dem Eingang der kleinen Franziskaner-Kapelle das Ordens-Wappen der Franziskaner: zwei gekreuzte Hände, die von Jesus und die des heiligen Franziskus (1181–1226). Am Beginn der Treppen die *Sechste Station,* die griechisch-orthodoxe »St.-Veronika-Kirche«. Hier soll die heilige Veronika Jesus mit ihrem Tuche den Schweiß und das Blut abgewischt haben; man sagt, daß der Abdruck seines Antlitzes noch heute in dem Tuch zu sehen sei. (Das Schweißtuch der Veronika befindet sich heute im Petersdom in Rom.) Am Ende der Treppen die *Siebte Station:* die Stelle, an der Jesus zum zweiten Mal unter der Last des Kreuzes zusammenbrach. Die Kapelle dahinter ist in franziskanischem und koptisch-katholischem Besitz. Zur *Achten Station* muß man noch weiter aufsteigen. In der Aqabat-el-Khana-Str. findet man in der Mauer des dortigen Klosters ein Kreuz in einen Stein eingemeißelt, der die griechische Inschrift trägt: JC XC NIKA (Jesus Christus siegt). Hier soll Jesus zu den weinenden Frauen Jerusalems gesprochen haben (Lk 23, 27–31). Zur Neunten Leidensstation steigt man das Stück zur Khanel-Zeit-Straße wieder herab. Auf dieser ein Stück nach links findet man Treppen, die auf das Dach der Grabeskirche zum Dorf Deir-al-Sultan führen. Am Tor des koptischen Klosters, durch eine Säule bezeichnet, finden wir die *Neunte Station,* wo Jesus zum dritten Mal strauchelte. Durch dieses Tor kann man auf direktem Wege zum Eingangsplatz der Grabeskirche herabsteigen. Die Leidensstationen Zehn bis Vierzehn befinden sich in der Grabeskirche selbst.

Altstadt

Vergangenheit und Gegenwart: die Oberstadt während der Blütezeit Jerusalems. Das Jüdische Viertel der Altstadt

Es ist ratsam, diese Tour mit einem Blick von den Treppen zu beginnen, die von der Klagemauer zum Jüdischen Viertel führen. Man sieht die Klagemauer, eindrucksvolles Relikt aus der Zeit des herodianischen Tempels, damals westliche Stützmauer des Tempelplatzes. Der Tempelberg bildete zu jener Zeit den Mittelpunkt der Stadt, westlich von ihm befanden sich die Häuser der Reichen und der Aristokratie Jerusalems. Die Pracht der Bauten auf dem Westhügel über dem Tempel brachte es mit sich, daß auch in späterer Zeit dieses Gebiet der »Oberstadt« das Zentrum Jerusalems blieb.

Im nordöstlichen Teil des Vorplatzes der Klagemauer, auf dem Dach einer Yeshiva (Talmudschule) nahe den Stufen, die zum arabischen Shuk (Basar) aufsteigen, errichtete der Bildhauer Agam ein Mahnmal – sechs Kerzen mit je einem Davidstern über ihnen – zum Gedenken an die Vernichtung von sechs Millionen Juden während des Holocaust. Die Errichtung des Mahnmals an diesem Orte stieß aber zum Teil auf Widerstand, da es die Heiligkeit der Klagemauer profaniere. Von der Klagemauer aus steigt man nach Südwesten zum Jüdischen Viertel hinauf, das mit seiner interessanten architektonischen Struktur einen

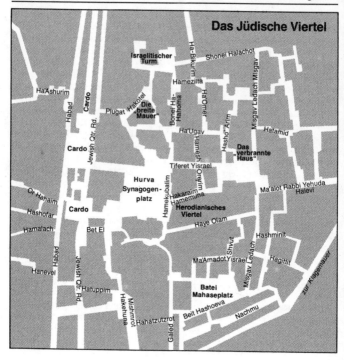

Das Jüdische Viertel

›Jerusalemer Mikrokosmos‹ darstellt: Hier finden sich, auf engem Raum zusammengedrängt, Baudenkmäler aus allen Epochen der Besiedlung Jerusalems.

Im Zentrum des Viertels befindet sich der Hurva-Platz, benannt nach der Hurva-Synagoge, deren restaurierte Überreste – ein riesiger Bogen – heute das Wahrzeichen des Jüdischen Viertels darstellen. Auf dem Hurva-Platz befinden sich Minimärkte und Cafés, in denen man bei einem erfrischenden Getränk das Leben des Viertels auf sich wirken lassen und sich Gedanken über seine Geschichte machen kann. In der Frühzeit befand sich hier die von der gesellschaftlichen Elite bewohnte »Oberstadt«. Infolge vieler Kriege wurde dieses Gebiet wiederholt zerstört und wiederaufgebaut, es blieb

jedoch nie unbewohnt. Im Jahre 1948, am Ende des Krieges zwischen Israel und den arabischen Staaten, fiel die Altstadt und mit ihr auch das Jüdische Viertel in die Hände der jordanischen Legionen, und arabische Nachbarn besetzten die Häuser der ehemaligen jüdischen Eigentümer, die teils in Gefangenschaft gerieten, teils in die jüdische Weststadt flohen. Im Juni 1967 wurden die Altstadt und das Jüdische Viertel durch die israelische Armee zurückerobert, und die arabischen Bewohner flohen in ihre ehemaligen Viertel zurück. Die meisten Häuser wurden teilweise zerstört, einige waren seit den Tagen des 1948er Krieges noch gar nicht wiederaufgebaut und daher unbewohnt. Nach der Wiedereinnahme des Jüdischen Viertels wurde von

der israelischen Regierung beschlossen, daß in diesem Gebiet wieder ein jüdisches Wohnviertel entstehen sollte. Dagegen wehrten sich jedoch die Archäologen, die hier die einmalige Gelegenheit sahen, Unbekanntes aus dem Jerusalem der Frühzeit ans Tageslicht zu bringen. Die Erlaubnis, Ausgrabungen vorzunehmen, wurde erteilt, und 25 verschiedene archäologische Schichten wurden freigelegt. Hier, wie auch bei den Ausgrabungen an der Südmauer, erhob sich das Problem, welche der freigelegten antiken Stätten man wieder zerstören sollte, um darunter eventuell noch Interessanteres zu entdecken. Schließlich beschloß man, die wichtigsten Stätten aus jeder Zeitepoche zu bewahren, und errichtete schützende Stahl- und Betonkonstruktionen über ihnen, auf denen wiederum moderne Häuser und Apartments erbaut wurden. So entstand hier eine hochinteressante Zusammensetzung aus alt und neu. Moderne Wohnhäuser, deren Grundfesten und untere Stockwerke in die Frühzeit (teilweise bis zum Jahre 700 v. Chr.) zurückreichen. Man kann hier, vom Hurva-Platz ausgehend, Zeugnisse der israelitischen Königszeit (*Breite Mauer* und *Israelitischer Turm*, etwa 700 v. Chr.), aus der Zeit Jesu (*Herodianisches Wohnviertel*), der spätherodianischen Zeit (*Verbranntes Haus*, ca. 70 n. Chr.), der byzantinischen (*Cardo*, um 500 n. Chr.) und der Kreuzritterzeit (*Maria-Herberge*, 12. Jh.) besichtigen, aber auch die neuere Geschichte weist mit dem *Rothschild-Haus* (19. Jh.) und dem *Beth-Machase-Platz* Stätten von hohem Interesse auf. Das Viertel beherbergt zwar auch viele Synagogen, die jedoch nicht so interessant erscheinen wie diejenigen der ultraorthodoxen Viertel in der Weststadt (vgl. S. 55).
Alle unterirdischen archäologischen Stätten im Viertel:
So–Do 9–17 Uhr, Fr 9–13 Uhr

Eintritt. Studentenermäßigung
Noch vor Betreten der Stätte sollte man den Wärter bitten, das Licht anzuzünden.

Beth-Machase-Platz   Hier versammelten sich am Ende des Krieges von 1948 die jüdischen Verteidiger des Viertels und ergaben sich der Arabischen Legion. Die im Viertel ansässigen jüdischen Bürger gingen in jordanische Gefangenschaft oder wurden zwangsevakuiert.
Im Jüdischen Viertel

Breite Mauer   Die Mauer wurde im Jahre 701 v. Chr. zur Zeit des Königs Hiskia errichtet, um den Vormarsch des assyrischen Heeres nach Jerusalem aufzuhalten (2 Chr 32). Sie wurde gleichzeitig mit dem technischen Meisterwerk des Shiloah-Tunnels erbaut, der im Kidrontal zu besichtigen ist (vgl. S. 19). Von der ursprünglich 7 m breiten und 8 m hohen, sehr langen Mauer sehen wir heute nur einen Teil von etwa 40 m Länge. Ihre Höhe ist fast völlig abgetragen (Skizzen, die den ursprünglichen Verlauf der Mauer erklären, befinden sich an der Wand). Die Steine der Mauer wurden im Laufe der Jahre entfernt und zum Bau späterer Häuser benutzt, so, wie auch zur Errichtung dieser Mauer unter dem Druck der herannahenden feindlichen Armeen Steine von Wohnvierteln benutzt worden waren. Die Wohnviertel außerhalb der schützenden Mauer wurden zu diesem Zwecke alle abgerissen. Da dies jedoch als Baumaterial für die riesige Mauer nicht hinreichte, wurden auch Häuser innerhalb der Mauer zerstört und deren Bewohner evakuiert. (Jes 22,10)
Im Jüdischen Viertel, Plugat-Hakotel-Str.

Cardo   Die ehemalige Hauptstraße der Stadt Jerusalem, der ihr früherer Prunk noch heute z. T. anzusehen ist, wurde von dem byzantini-

Die Ruinen der Hurva-Synagoge: Im Zentrum des Jüdischen Viertels der Altstadt

schen Kaiser Justinianus um 527 n. Chr. angelegt, um der zerstörten Stadt Jesu wieder die Herrlichkeit aus den Zeiten des Tempels zurückzugeben. Ungefähr zur selben Zeit ließ er auch die Grabeskirche in der Oberstadt erweitern und verschönern sowie die »Nea-Kirche« (Neue Kirche) und die enorme Kirche des Zionsberges, heute Ort der Dormitio-Kirche, erbauen. Der Cardo verband diese drei großen Kirchen miteinander, eine zweite Straße wurde parallel zum Tempelberg angelegt, nahe der herodianischen Straße, die wir im Ophel gesehen haben. Der Cardo war eine der bemerkenswertesten Straßen des späten Altertums, er hatte eine Gesamtbreite von 24 m (davon heute erst 12 m freigelegt) mit 6 m breiten Fahrbahnen für Wagen auf jeder Seite. Seine Bürgersteige waren zum Schutz gegen Regen und Sonne mit Schindeln überdacht, auf beiden Seiten befanden sich (heute teilweise restaurierte) Geschäfte. Die bisher freigelegte Straßenlänge beträgt 185 m. Etwas weiter auf einer Wand kann man das Duplikat eines Bodenmosaiks be-

wundern, das Jerusalem in byzantinischer Zeit darstellt und in einer Kirche bei Jericho gefunden wurde. Dieses Mosaik zeigt den Cardo mit Säulenreihen an seinen Seiten und die Kirchen, die der Cardo verband. Ein Teil des Cardo wurde von den Kreuzrittern verschmälert, um die Kosten seiner Erhaltung zu verringern (dieser Teil ist restauriert, dort befinden sich heute Geschäfte). Hier gibt es einige glasbedeckte oder mit Gittern umzäunte Stätten, die uns einen Einblick in Teile der Stadtmauern aus der Zeit des Hiskia (701 v. Chr.) und der Hasmonäer (164–63 v. Chr) erlauben. Von hier führte die Straße unterhalb des heutigen Shuk weiter nach Norden zum Damaskustor. Der byzantinische Cardo folgte der römischen Straße des Kaisers Adrianus (135 n. Chr.), ist also seit 1880 Jahren eine ununterbrochen aktive Handelsstraße. Der Cardo liegt heute 6 m tiefer als das Straßenniveau des Viertels, das durch den immer wieder erfolgten Wiederaufbau der Häuser auf dem Bauschutt der vorhergegangenen Zerstörungen mit der Zeit um diese

Höhe gestiegen ist. Die heutige Straße hat durch das rege Treiben und Geschäftsleben schon fast den Charakter einer archäologischen Stätte verloren.

Jüdisches Viertel

Herodianisches Wohnviertel Ausgrabungen eines zusammenhängenden Wohngebietes aus der Zeit Herodes' (40–4 v. Chr.) und damit auch aus der Zeit Jesu. Es war ein Viertel der Reichen, in dem die Mauern von Häusern mit bis zu 600 qm Grundfläche freigelegt worden sind. Auf den vielfach guterhaltenen Bodenmosaiken fehlen Menschen- und Tierabbildungen, die von der jüdischen Religion verboten wurden. Die große Anzahl von Bädern in den Häusern läßt darauf schließen, daß hier vor allem Priester wohnten, die aus rituellen Gründen auf besondere Reinheit zu achten hatten.

Gerätschaften aller Art von diesem Fundort können unter dem großen, modernen Komplex der Hakotel-Talmudschule besichtigt werden, in deren Lehrsaal man durch die gläsernen Wände des Fundortes blikken kann.

Jüdisches Viertel, Eingang zu den Ausgrabungen gegenüber der karaäischen Synagoge

So–Do 9–17 Uhr, Fr 9–13 Uhr

Eintritt, Studentenermäßigung

Israelitischer Turm An der Breiten Mauer, ein gutes Beispiel für die erwähnte Verbindung archäologischer Funde, die sich tief unter der Erde befinden, mit modernen Wohnhäusern darüber. Zur Stätte des Turmes steigt man 53 Stufen – etwa 10 m unter das Straßenniveau – hinab. Der Eingang ist der eines gewöhnlichen Wohnhauses, und durch ein Fenster nahe den Eingangs kann man den Unterricht einer Schulklasse verfolgen. Nachdem man 10 m topographisch und 2700 Jahre chronologisch hinabgestiegen

ist, hat man die 8 m hohen Überreste eines Wacht- und Spähturms aus israelitischer Zeit vor sich (8. Jh. v. Chr.), der einen Teil der Breiten Mauer bildete. Eine um 650 Jahre jüngere Mauer aus der Hasmonäerzeit (164–63 v. Chr.) ist ebenfalls mit dem Turm verbunden. Zudem befand sich hier sowohl in israelitischer als auch in hasmonäischer Zeit ein Stadttor, dessen Umrisse man auf der erleuchteten Skizze auf der Wand sehen kann. Pfeile, die hier gefunden wurden, zeugen von Kämpfen sowohl gegen die babylonische Besatzungsarmee Nebukadnezars (586 v. Chr.) als auch gegen Rom (70 n. Chr.) Es waren diese zwei Heere, welche die Stadt und den Ersten bzw. Zweiten Tempel zerstörten. Die dunklen Streifen auf dem Boden bezeichnen den Verlauf der israelitischen und hasmonäischen Mauer.

Jüdisches Viertel

Maria-Herberge Ein deutscher Komplex aus der Kreuzritterzeit, der aus einer Kirche und einem Hospital besteht. Diese Herberge wurde im 12. Jh. von deutschen Mönchen, die sich von dem französischen Hospitaler-Orden losgesagt hatten, für deutsche Jerusalempilger gegründet. Den Berichten des Kreuzfahrers Johannes von Würzburg zufolge durften nur Deutsche die Kirche betreten und in der Herberge Unterkunft finden.

Jüdisches Viertel, Eingang der Herberge von der »Misgav-Ladach«-Straße

Rothschild-Haus Ein schöner Bau, 1871 von Baron Wolf Rothschild aus Frankfurt gestiftet, dessen Familienwappen auch die Außenwand schmückt. Heute sind in diesem Gebäude die Büroräume der Gesellschaft, die verantwortlich für die Restauration des Viertels ist.

Jüdisches Viertel, Beth-Machase-Platz

Verbranntes Haus   Ein prachtvoller Wohnbau aus der Zeit der Brandschatzung Jerusalems durch die Römer. In dem Haus kann man noch die Verwüstungen des großen Brandes 70 n. Chr. nachvollziehen.

Jüdisches Viertel
Audio-visuelle Vorführungen in Englisch über den Brand täglich 9.30, 11.30, 13.30, 15.30 Uhr, Fr nur 9.30 und 11.30 Uhr
Studentenermäßigung

Islamische Überlieferung in Jerusalem: der Felsendom und Umgebung

Was verbindet den Islam mit Jerusalem? Warum wurde der Tempelberg in Jerusalem nach den Städten Mekka und Medina in Saudi-Arabien zur drittheiligsten Stätte des Islam? Die 17. Sure des Koran berichtet von dem nächtlichen Ritt des Propheten Mohammed, der sich auf Befehl Gottes zum »Ende der Welt« (auf arabisch »El-Aqsa«) begeben sollte. Viele Legenden verbinden sich mit der islamischen Überlieferung dieser nächtlichen Reise, auf welcher Mohammed mit seinem geflügelten Pferd »Al-Burak« (der Blitz) von seiner Heimatstadt Mekka aus in den siebenten Himmel emporritt – begleitet vom Erzengel Michael. Obwohl der Text den Eindruck erweckt, es handle sich bei der »El-Aqsa« um ein himmlisches Heiligtum, erwählten die Häupter des islamischen Herrschergeschlechtes der Omaryaden, deren Zentrum sich Ende des 7. Jh. in Damaskus befand, einen weltlichen Ort für das Heiligtum – den Tempelberg in Jerusalem; von dort sollte, der neuen Überlieferung nach, Mohammed vom Felsendom aus seine Himmelsreise angetreten haben. Die politische Überlegung war vermutlich, nach der Eroberung Jerusalems durch den Kalifen Omar I. (im Jahre 638 n. Chr.) die Stadt durch den Bau einer Moschee auf dem Tempelberg zu heiligen und den byzantinischen Kirchen damit ihre dominierende Rolle zu nehmen. Nach einer anderen Version wollte man zudem aus moslemischen Pilgerstrom, u. a. aus wirtschaftlichen Gründen, wenigstens teilweise von Mekka und Me-

dina nach Jerusalem umleiten. Tatsache ist, daß auf dem Tempelberg zwei der schönsten Bauten des Islam errichtet wurden.
Der Felsendom und die anderen Sehenswürdigkeiten dieser Tour befinden sich auf dem Tempelberg, der eine künstliche Erweiterung des Moriah-Berges darstellt. Hier stand der »Erste Tempel« (der Tempel Salomos), der 586 v. Chr. durch das babylonische Heer zerstört wurde. Auch der Zweite Tempel wurde hier von den jüdischen Rückkehrern aus der Babylonischen Gefangenschaft im Jahre 515 v. Chr. erbaut und später von Herodes dem Großen (40–4 v. Chr.) durch riesige Erweiterungen zu einem neuen Prachtbau umgestaltet. Zu Zeiten Salomons, Anfang des 10. Jh. v. Chr., überragte der Tempelberg von Norden her die »Davidstadt«, zur Zeit des Zweiten Tempels hatte sich die Stadt jedoch nach Westen zu den Abhängen des Zionsberges hin so erweitert, daß ihre Häuser sich oberhalb des Tempels befanden. Der Zweite Tempel wurde im Jahre 70 n. Chr. von den Römern bis auf seine Grundfesten zerstört, und nur das riesige künstliche Stützplateau blieb Zeuge jener Prachtzeit. Die heutigen Bauten auf dem »Berg Moriah« sind aus der Zeit des Islam, die frühesten vom Ende des 7. Jh. n. Chr.
Im Jahre 1099, nach der Eroberung der Stadt durch die Kreuzritter, wurden die Moscheen in Kirchen umgewandelt, und die »El-Aqsa«-Moschee wurde zum Schutz der Jerusalemer Pilger dem neugegründeten Templerorden übergeben. Dies

Drittheiligste Stätte des Islam: der Felsendom ist eines der Wahrzeichen Jerusalems

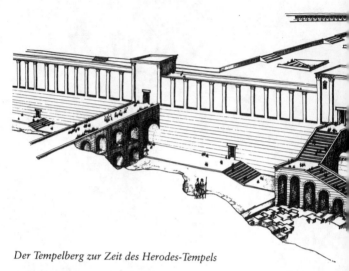

Der Tempelberg zur Zeit des Herodes-Tempels

stärkte jedoch in der Welt des Islam nur das Bestreben, die Stadt Jerusalem für den Islam zurückzuerobern. 1187 wurde die Stadt tatsächlich durch den mächtigen islamischen Herrscher Saladin besetzt, seither befindet sich der Tempelberg unter islamischer Aufsicht. Nach der israelischen Eroberung der Oststadt im Juni 1967 wurde der Tempelberg mit seinen verschiedenen Stätten der alleinigen Aufsicht einer moslemischen Treuhand-Körperschaft, »Wakf«, überlassen, um in Zukunft möglichst Reibungen religiöser Natur zu vermeiden. Die »Wakf« ist heute für die Ordnung auf dem Tempelberg und an seinen Toren verantwortlich.

Vor der Besichtigung des Tempelberg-Geländes einige Erläuterungen zum Verständnis des Ortes und des Islam überhaupt. Der Islam legt seinen Gläubigen fünf Grundpflichten auf. Eine davon ist das Gebet, das die Moslems fünfmal täglich zu verrichten haben. Das Gebet wird sowohl stehend und sitzend als auch durch tiefe Verbeugungen und Kniefall, bei dem die Stirn den Boden berührt, ausgeführt. Zu den festgelegten Zeiten ruft der Muezzin von den Türmen der Moscheen, den Minaretts, zum Gebet – heute meist durch Lautsprecher, die auch den lautesten Straßenlärm überschallen können. Nur am Freitagmittag wird das Gebet in den Moscheen in Gemeinschaft verrichtet. In jeder Moschee befindet sich eine Qubla (nach Mekka weisend), die durch eine Ausbuchtung in der Wand (Michrav) gekennzeichnet ist. Am Freitag hält der Imam (das Oberhaupt der Gläubigen) eine Predigt von einer hohen Kanzel, der Minbar. Jeder Moslim ist verpflichtet, vor dem Gebet Gesicht, Hände und Füße zu waschen und die Moschee ohne Schuhe zu betreten. Der Tempelberg ist von verschiedenen Richtungen erreichbar, aber das Betreten ist nur durch zwei Tore erlaubt: durch das Kettentor (Shaar Haschalschelet) oder das Mugrabim-Tor (nach dem Maghreb, dem westlichen Teil der

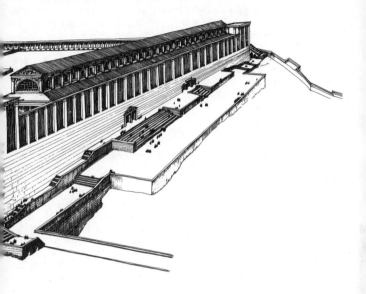

arabischen Welt benannt) im Süd-westen (der empfehlenswerte Zu-gang). Man findet den Weg zu die-sem Tor südlich der Klagemauer: ei-ne Rampe, die zwischen der Klage-mauer links und den Ausgrabungen des Ophels rechts zum Eingang des Tempelberges hinaufführt.

Außer der *El-Aqsa-Moschee* und dem *Felsendom* befinden sich auf dem nicht allzu großen (480 x 295 m) Gebiet des Tempelberges noch einige kleinere Sehens-würdigkeiten, deren Besichtigung man sich nicht entgehen lassen sollte.

Besuchszeiten des Tempelberges: So–Do 8–11, 12–15 Uhr, Zeitände-rungen an moslemischen Feierta-gen; Tel. 27 23 58

Betreten des Tempelberges frei; Be-sichtigungen der Stätten Eintritt; Studentenermäßigung

Eintrittskarten für die verschiede-nen Stätten auf dem Tempelberg sind in dem kleinen Gebäude west-lich der El-Aqsa-Moschee erhält-lich.

El-Aqsa-Moschee   Man betritt die Moschee durch das Hauptportal und befindet sich in dem prächtigen 17 m hohen Mittelschiff (Portico) an dessen Seiten je drei weitere nied-rigere Seitenschiffe verlaufen, deren Säulen von Bogenarkaden über-spannt sind. Der Michrab, von Säu-len umgeben, zeugt unverkennbar vom Einfluß byzantinischer Vorbil-der apsisähnlicher Basiliken. Der Michrab und der Minbar vor der Qubla-Wand des Mittelschiffs (Süd-wand) wurden von Saladin gestiftet. Eine kleine Kapelle an der Ostwand (heute durch eine Wand verdeckt) stammt aus der Kreuzfahrerzeit und ist Johannes dem Täufer geweiht. Die ursprüngliche »El-Aqsa« wurde 1705 von dem Kalifen Abd-el-Wa-lid erbaut, mehrmals durch Erdbe-ben zerstört und wiederaufgebaut. Von dieser ersten Moschee ist heute wenig erhalten. Die Deckendekora-tionen der Schiffe zeugen von vielen Bau- und Ausbesserungsarbeiten. Die prächtigsten wurden von 1938–42 restauriert. Mussolini stiftete die 12 Säulen aus Carrara-Marmor, und die herrliche Decke war ein Geschenk König Faruks von Ägypten. Die zweite Säule von links zeigt einen Kugeleinschlag: Hier fiel Abdallah, der König von Jordanien, im Jahre 1951 einem Attentat religiöser Extremisten zum Opfer, als er am Freitag zum Gebet kam.

An den Seiten der Schiffe grüne Gebetsteppiche und an der Decke, vor dem Michrab, ein goldgrundiges Mosaik aus der Zeit Saladins (12. Jh.), das jahrhundertelang mit einer Mörtelschicht bedeckt war und bei einer Restaurierung 1927 durch Zufall freigelegt wurde. In der Kuppel selbst und am Michrab befinden sich noch ältere Mosaiken; sie wurden von den Erdbeben verschont, da dieser Teil der Moschee sich über der massiven südlichen Stützmauer des herodianischen Tempels befindet. Die Uhr, die wir im Mittelschiff sehen, zeigt die Zeit in den verschiedenen von Moslems bewohnten Teilen der Welt an. Unter der Kuppel steht die Kanzel, der Minbar, an deren Stelle früher ein prächtigeres, von Saladin gestiftetes Exemplar gestanden hat. Diese Kanzel wurde 1969 von einem verrücktem Touristen angezündet und verbrannte, dabei wurde auch die Kuppel beschädigt, die Restaurierungsarbeiten dauern bis heute an. Der Westteil der El-Aqsa, durch besonders große Steinsäulen abgeteilt, stammt aus der Zeit der Kreuzritter (12. Jh.), die hier ihre Gebete verrichteten und diesen Teil »Templum Salomonis« nannten. Die Moslems nennen diesen Abschnitt die »Weiße Moschee«, heute dient er den Frauen zum Gebet. Rechts am Ausgang der Moschee, draußen, finden wir vergitterte Treppen, die zu einem geschlossenen Eisentor führen. Hinter diesem befindet sich die »Aqsa-el-Kadima«, die »Frühe El-Aqsa«, und von dort führt ein prächtiger Treppenbau zu den ehemaligen Ausgangstoren des Tempels. Zwischen der El-

Aqsa und diesen Toren, die Herodes (40–4 v. Chr.) für den Tempel erbaute, besteht jedoch nur zufällig ein örtlicher Zusammenhang.

Vor dem Betreten der Moschee müssen Besucher die Schuhe auszziehen!

El-Quas (»der Kelch«)   Ein mit Gittern umgebener ritueller Reinigungsbrunnen zwischen Felsendom und El-Aqsa-Moschee. Er weist zahlreiche Wasserhähne und an den Seiten Steinbänke auf und dient den moslimischen Gläubigen zur Waschung vor dem Gebet.

Felsendom   Der achteckige Bau wird von 8 Toren umgeben, deren östliches das größte ist. Links der Treppen ein schön gemeißelter Stein-Minbar, der im Sommer dem Gebet im Freien dient. Vor dem Eintritt ist ein Rundgang im Uhrzeigersinn um den Prachtbau sehr empfehlenswert. Die unteren 5 m des Gebäudes sind mit symmetrisch angeordneten Marmorplatten bedeckt. Die Keramikkacheln darüber sind neu (1963) und ersetzen persische aus dem 16. Jh. Auch der obere Teil besteht aus Keramikkacheln, geschmückt mit Koran-Versen in arabischer Schrift. Wie den Juden ist auch den Moslems die Darstellung von tierischen und menschlichen Gestalten in der Malerei verboten; daher wurden Arabesken, Blumenmuster und geometrische Formen sehr beliebte und verbreitete Motive. Das Gebäude des Felsendoms hatte einst vier Eintrittsportale in den vier Himmelsrichtungen, von denen jedoch nur noch das Westportal geöffnet ist. Auf dem Rundgang um den Bau bemerkt man eine kleine, an den Felsendom angelehnte Kuppel, den Kettendom – vermutlich einst eine Schatzkammer. Die vielen Löcher an den Steinen, die heute ausgebessert werden, zeugen von Keramikkacheln, die in Stein eingefaßt waren. Die nach Mekka gewandte Südfront des Felsendoms ist die prächtigste, acht Granit- und Marmorsäulen stützen den mosaikgeschmückten Bogen und die Holzdecken; über dem Portal wieder Arabesken.

Der Felsendom – häufig auch fälschlich »Omar-Moschee« genannt – ist entgegen verbreiteter Auffassung keine Moschee, sondern ein Prachtbau auf heiliger Erde, vom Kalifen Abd-el-Malik in Auftrag gegeben (691 vollendet).

Das Innere des Gebäudes ist von seltener Schönheit. Drei kreisförmige Bögen umgeben sein Zentrum und lenken den Blick zur Mitte. Auf tiefen, teuren Teppichen durchschreitet man zunächst den äußeren Bogen; die Adern der Marmorplatten an der Wand wirken wie ein geometrisches Gemälde. Bemerkenswert sind die Decke aus kunstvoll bemalter Holzschnitzerei und die Fenster mit herrlicher Glasmalerei. Auch der geschnitzte bogenförmige Deckenbalken sowie die prächtigen Mosaikbögen darüber tragen zu der Wirkung des Ortes bei. Um den Bau zieht sich eine lange Arabeske, deren Schriftzeichen fälschlicherweise Kalif-el-Maamum (813–833) als Erbauer des Felsendoms verherrlichen. Dieser hatte hier seinen eigenen Namen anstelle desjenigen des wirklichen Erbauers einsetzen lassen, vergaß jedoch, auch die Zeitangabe dementsprechend zu ändern: Der Felsendom wurde 691 vom Kalifen Abd-el-Malik errichtet. Im Zentrum befindet sich der Felsen Al-Zachra, von wo aus Mohammed der Überlieferung nach in den Himmel emporritt – mit dem Fußabdruck des Propheten vor seiner himmlischen Reise. Nach jüdischer Überlieferung befand sich hier das Allerheiligste des Tempels, das der Hohepriester nur einmal im Jahre, am Versöhnungstag, betreten durfte, und der Ort, an dem Erzvater Abraham seinen Sohn Isaak Gott opfern sollte (1 Mose 22,9–16). Über dem Felsen eine Kuppel, deren Holzgrund mit farbigem Schmuck in leuchtenden Farben bedeckt ist. Die äußere Kuppel, die nicht mit der inneren identisch ist, besteht aus vergoldeten Aluminiumplatten (der Sage nach früher aus reinen Goldplatten). Der Felsen selbst wird heute von einem stilisierten Holzgitter umgeben, das frühere Eisengitter befindet sich im Museum im Südwesten des Tempelberges. In der Nähe des Felsens finden wir die Öffnung zu einer Höhle, die unter den Felsen führt. Sie führt den Namen Bir-el-Arrah (Brunnen der Geister), da sich die Geister der moslimischen Heiligen hier zweimal in der Woche zum Gebet versammeln sollen. An der Decke der Höhle ein Loch, durch welches – den Archäologen zufolge – das Blut der im Tempel geopferten Tiere abgeflossen sein soll. (Diese Meinung ist nicht allgemein anerkannt, da im Allerheiligsten nicht geopfert wurde.) Die Tradition will es, daß in den Nischen dieser Höhle König Salomon und der Prophet Eliahu mit dem Propheten Mohammed vor seinem Aufstieg in den Himmel gebetet haben. Wieder oben, sieht man neben dem Fußabdruck Mohammeds ein kleines Bauwerk, das ein Kästchen mit den Barthaaren des Propheten enthält und nach parfümierten Ölen duftet. Das Kästchen mit Inhalt wird einmal im Jahr den moslemischen Gläubigen gezeigt.

Vor Betreten des Gebäudes müssen Besucher die Schuhe auszuziehen!

Goldenes Tor Ein Prachtbau auf byzantinischen Grundfesten, der anstelle des herodianischen »Osttores« heute im Zentrum der Ostmauer steht. Nach jüdischer Überlieferung wird am Ende der Tage der Einzug des Messias durch dieses Tor erwartet. Der Islam sieht in diesem Tor seinerseits sowohl den Weg zum Himmel als auch den zur Hölle: Das »Tor des Erbarmens« und das »Tor der Trauer« bilden zusammen das

Der Cardo, eine byzantinische Prachtstraße, liegt sechs Meter unterhalb des heutigen Straßenniveaus

zweibögige Tor. Für den christlichen Glauben ist das Tor vor allem wegen des durch ihn erfolgten Einzuges Jesu in die Stadt wichtig, im Mittelalter wurde es (auch in der bildenden Kunst) häufig als Symbol der unbefleckten Empfängnis Marias (oder dieser selbst) verwendet. Zutritt bzw. Durchgang nicht möglich

Salomons Pferdeställe Sehr großes (500 qm Grundfläche), halbunterirdisches Bogengewölbe, das anscheinend zur Zeit des Zweiten Tempels als Vorratslager diente. Es wurde von den Kreuzrittern später als Pferde-stallung benutzt. Diese gaben ihm dann auch den Namen »Salomons Pferdeställe«, in dem irrtümlichen Glauben, hier ein Gebäude aus König Salomos Zeiten vor sich zu haben. Zutritt nicht möglich

Sebille Trinkbrunnen, westlich des Felsendoms, 1487 vom Mamelucken-Sultan Kuid-Bey in Form eines Grabmals mit Kuppel und schöner Steinschnitzerei errichtet. Darunter riesige Wasserzisternen (50 Mio. Liter Fassungsvermögen), die zur Zeit des Herodianschen Tempels die Pilger mit Wasser versorgten.

Ein Rundgang auf der Stadtmauer vom Zions- zum Damaskustor: die Demarkationslinie Jerusalems von 1948 bis 1967

Ein Gang über die Altstadtmauern sollte Bestandteil eines jeden Jerusalem-Besuches sein. Zum einen bietet er vielfältige Einblicke in das Leben inner- und außerhalb der Mauern, vielfältige neue Sehenswürdigkeiten auch solcher Sehenswürdigkeiten, die man vielleicht schon besucht hat; zum anderen kann man von hier aus auch sehr gut eine Reihe von Orten betrachten, die in der neueren Geschichte der Stadt, besonders in den Kriegen von 1948 und 1967 und der zwischen diesen Kriegen liegenden Zeit des geteilten Jerusalem, eine wichtige Rolle spielten.

Am Ende des Krieges 1948 wurde die Stadt geteilt, die Generäle Mosche Dayan (Israel) und Abdalla Tal (Jordanien) nahmen sich die Standorte der israelischen und jordanischen Stellungen als Anhaltspunkt, um eine vorläufige Demarkationslinie zu bestimmen. Diese war eine zufällig verlaufende Zickzacklinie, die häufig gar inmitten dichtbewohnter Wohnviertel die Straßen teilte. Beide Befehlshaber waren sich der Schwierigkeiten einer solchen Grenzziehung bewußt und hofften, sie stelle nur ein kurzes Übergangs-stadium bis zu einem Waffenstillstandsabkommen dar. Sie ahnten nicht, daß diese provisorische Grenze 19 Jahre lang zur harten Realität für die Stadt werden sollte. Im Laufe der Kämpfe hatten sich die Bewohner des Jüdischen Viertels der (arabischen) Altstadt ergeben; die Juden wurden evakuiert, von diesem Zeitpunkt bis zur Wiedervereinigung der Stadt 1967 war ihnen der Zugang zu den heiligen Stätten des Tempelberges und der Klagemauer in der Oststadt verwehrt.

Am Ausgangspunkt der Tour, dem Zionstor, erinnern heute noch sichtbare Kugeleinschläge an die beiden Kriege. Hier hat man von der Mauer aus einen guten Blick auf die Umgebung:

Im Norden der Skopusberg mit der Hebräischen Universität, weiter rechts die neue Mormonen-Universität mit ihrem Bogenbau. Auf dem Ölberg das deutsche Augusta-Viktoria-Hospital, der Turm der Himmelfahrtskirche und das Intercontinental-Hotel mit seinen 7 Bogenportalen, darunter der große jüdische Friedhof des Ölberges. Westlich das *Armenische Viertel*, das von der Jakobus-Kathedrale und dem Armenischen Museum dominiert wird. Es ist ein kleines, malerisches Viertel, das von weniger als 2000 Seelen bewohnt wird. Dennoch genießt es eine gewisse Machtstellung, bedingt durch die Lage einiger christlicher heiliger Stätten innerhalb seiner Mauern. Außerhalb der Mauer, zur Linken, dort, wo der Überlieferung nach der Hohepriester Kaiphas über Jesus Gericht hielt (Mt 26,58), die noch unvollendete armenische Kathedrale. Dahinter die Dormitio-Kirche; auch nach der Teilung der Stadt befand sich hier eine israelische Stellung, die als einzige höher gelegen war als die jordanischen Stellungen. Im weiteren Verlauf der Mauer kommt man an deren südwestliche Ecke. Von hier aus sieht man, ca. anderthalb Kilometer im Süden, das Abu-Tor-Viertel, das durch den Krieg geteilt wurde; die Grenzlinie teilte hier Straßen und sogar Wohnhäuser. Westlich von uns das Bett des Hinnomtales – bis 1967 ein Niemandsland zwischen den feindlichen Stellungen. An der Straßenbiegung südwestlich von uns begann ein bis heute bestehender betonierter Tunnel, durch den während der Jahre 1948–67 Proviant zu der isolierten israelischen Stellung auf dem Zionsberg gebracht wurde. Jenseits des Tales der Sultansteich, an dem heute musikalische Freiluftveranstaltungen stattfinden. Darüber das heute sehr teure Wohngebiet Jemin-Mosche, einst ein armseliges Grenzviertel. Ein Besuch in seinen malerischen Straßen ist sehr empfehlenswert. Etwas weiter rechts aufwärts das berühmte King-David-Hotel, und dahinter, das Dach des Hotels überragend, der hohe Turm des YMCA-Gebäudes. Der Mauerrundgang geht nun weiter nach Norden, man erblickt bald eines der Wahrzeichen Jerusalems, die sogenannte *Davids-Zitadelle*, eigentlich das Minarett einer Moschee. Dieser Turm ist auf den Grundfesten einer herodianischen Zitadelle erbaut, seit 2000 Jahren schützen die Verteidiger Jerusalems die Stadt von diesem strategischen Punkt aus gegen Westen. Im Westen der Mauer das Hinnomtal mit seinen Kunstgalerien und Cafés. Unterhalb der Davids-Zitadelle, rechts des Mauerweges, kann man nach Westen hin einen großen Parkplatz und dahinter Häuserruinen erblicken. Hier befand sich vor den Kriegen 1948 und 1967 das Mamilla-Zentrum, ein großes Geschäftszentrum, das einen wichtigen Treffpunkt von Ost und West in der Stadt darstellte. Nach den Kämpfen 1967 wurde es nach und nach evakuiert, da das Gebiet in einem gefährlichen Grenzstreifen lag. Pläne, an diesem Orte erneut ein großes Geschäftszentrum zu errichten, stehen vor ihrer Ausführung.

Nach dem Überqueren der Straße zwischen Davids-Zitadelle und Jaffa-Tor beginnt der zweite Teil des Rundganges. Die Treppe zur Besteigung der Mauer befindet sich in dem Tor neben dem »Golden-Gate«-Laden. Von der Mauer aus sieht man im Osten den Beginn der Basarstraße der Altstadt – die David-Straße, deren Besuch jedem Besucher während seines Altstadtbummels zu empfehlen ist. Durch die Mauerschlitze, die man zuweilen an der Mauerwestseite sieht, wurde im Mittelalter siedendes Öl auf feindliche Belagerungstruppen gegossen. Die Mauer läuft jetzt weiter nach Westen. Auf der rechten Seite das Christliche Viertel mit dem lateinischen Patriarchat und dem allesüberragenden Turm der Franziskanerkirche. In der südwestlichen Ecke sieht man jenseits der Straße den Rundbau des Jerusalemer Rathauses mit dem siebenarmigen Leuchter, auch hier wieder von Kugeleinschlägen übersäte Außenwände. Weiter nördlich, auf der linken Seite, der stilisierte Bau des französischen Hospitals und die französische Pilgerherberge Notre-Dame, deren Dach in den beiden Kriegen 1948 und 1967 als Stellung israelischer Soldaten gegen die Jordanier diente. Beides sind Bauten aus dem 19. Jh., eine Zeit, in der italienische, französische, deutsche, russische und englische Baustile der Stadt ihre Stempel aufdrückten. Grund hierfür war der Versuch der damaligen europäischen Großmächte, nach dem Verfall des Ottomanischen Reiches (1918) in Jerusalem die Vorherrschaft zu gewinnen. Mit dem Bau des hier gelegenen Neuen Tores wurde die Mauer gegen Ende des 19. Jh. durchbrochen, um den französischen Pilgern einen bequemen Durchgang zum Christlichen Viertel und zur Grabeskirche zu ermöglichen. Nördlich von Notre-Dame und westlich der Straße ein weiteres, ehemals vernachlässigtes Grenzviertel, das heute zum teuren Wohnviertel geworden ist. Es wird überragt von dem schönen Bau des italienischen Hospitals, in dem sich heute das israelische Erziehungsministerium befindet. Seine architektonische Form ist eine Nachahmung des Palazzo Vecchio in Florenz. Beim Weitergehen nach Norden passiert man das engbebaute Moslemische Viertel, auf dessen Dächern sich ein Wald von Fernsehantennen befindet. Von dem Aussichtspunkt über dem *Damaskustor* (Shaar Schchem) erblickt man den Tempelberg mit dem Felsendom und seiner vergoldeten Kuppel und südlich davon die Kuppel der El-Aqsa-Moschee. Das hohe Gebäude mit weißem Turm im Süden ist die Deutsche Lutherische Kirche, die nach dem Jerusalem-Besuch Wilhelms II. 1889 erbaut wurde. Von ihrem Turm aus hat man einen herrlichen Rundblick. Gleich westlich die Grabeskirche mit ihrer grauen und schwarzen Kuppel, und dicht unter dem Aussichtspunkt der farbenfreudige Shuk (Basar) des Damaskustors. Nach Überqueren der Straße liegt etwa 200 m weiter westlich die *St.-Polyenctus-Kirche.* Wer hier seine Tour beenden will, sollte zurück durchs Damaskustor zum Shuk gehen und sich dort mit einem Glas Sachlib, einem wohlriechenden orientalischen Getränk, erfrischen und dann evtl. noch etwas über den Shuk bummeln. Diejenigen, die das nicht mehr weite Stück bis zum Ende weitergehen wollen, wenden sich jetzt nach rechts zur Kreuzung der Chejl-Handassa-Straße, die früher die Grenzlinie zwischen Israel (links) und Jordanien (rechts) bildete. Die Häuser dieses Grenzviertels »Samuel, der Prophet« (Shmuel Hanavi) haben nach Osten hin nur ganz schmale, längliche Fensteröffnungen in ihren Betonwänden; 19 Jahre lang (1948–67) verlief hier die israelisch-jordanische Grenze fast unter den Fenstern der Häuser. Am Ende der Straße »Chejl-Handassa« das *Beth-Turgeman*, bis 1967 ein militärischer israelischer Grenzposten, heute ein Museum.

Etwas weiter nördlich die ehemalige offizielle Grenze, das Mandelbaumtor, der einzige Übergang zwischen Westjerusalem (Israel) und Ostjerusalem (Jordanien), heute nur ein einfaches Gebäude am Straßenrand. Ein Museum, das über die Kämpfe um Jerusalem im Juni-Krieg 1967 informiert, befindet sich auf dem Ammunition-Hill, nicht weit vom Mandelbaumtor.

Armenisches Viertel Das Armenische Viertel liegt in der Altstadt, südlich der Davids-Zitadelle. Das kleinste der Viertel der Altstadt, von rund 2000 Armeniern bewohnt. Die Armenier gehören zu den ältesten christlichen Gemeinden der Welt, schon in der Mitte des 3. Jh. gelangten sie trotz ihrer kleinen Anzahl zu großem Ansehen in Jerusalem. Im Zentrum des Viertels die Jakobus-Kathedrale (12. Jh.), über den Grundmauern einer Kirche aus dem 7. Jh. erbaut. Dort befindet sich ein kleines Museum mit Bildern und Ur-

Im Basar wird nicht nur gehandelt, sondern auch gelebt

kunden aus der Schreckenszeit des Völkermordes des türkischen Militärs an den Armeniern (1914–17, 1½ Millionen Menschen wurden damals ermordet). Die im Bau befindliche armenische Kathedrale südlich des Ziontors bezeichnet den Ort, an dem der Hohepriester Kaiphas über Jesus Gericht gehalten hat (Mt 26,57–66). Auch der Ort, an dem Jesus auf dieses Verhör gewartet haben soll, das »Haus des Arnas« (Joh 18,12), war in dieser Gegend und wird durch eine kleine Kirche im Viertel bezeichnet.

Beth-Turgeman   Früherer israelischer Militärstützpunkt, der heute als Museum dient, in dem mit Filmen, Fotos und anderen Zeugnissen das Leben in der Stadt zur Zeit ihrer Teilung dokumentiert wird.
Chelj-Handassa-Str.
Tel. 28 12 78
So–Do 9–16 Uhr, Fr 9–13 Uhr
Eintritt, Studentenermäßigung

Damaskustor   Von diesem Tor der Altstadtmauer aus führte eine Haupthandels- und Geschäftsstraße über Sichem (Nablus) nach Damaskus. Teile der inneren Toranlage, wie auch die beiden kleineren Seitentore, stammen aus der Zeit des römischen Kaisers und Eroberers Jerusalems Adrian (135 n. Chr.). Die großen Steine mit der für die herodianische Zeit typischen Bearbeitungsweise sind auch in der Klagemauer zu sehen; ein weiteres Beispiel für die Wiederbenutzung von Baumaterial aus früheren Zeiten. Bemerkenswert sind auch die antiken Geräte und die Vorrichtungen des römischen Heeres zur Herstellung von Öl und Mehl, mit Hilfe derer das römische Militär seinen Eigenbedarf an Nahrungsmitteln decken konnte. Vor dem Ausgang des Tor-Gebäudes links findet man Teile einer guterhaltenen römischen Straße. Am Ende dieses Straßenabschnitts befindet sich das Holo-

gramm eines Standbildes, das Kaiser Adrian als Eroberer der Stadt darstellt. An der Stelle des ehemaligen römischen Haupttores steht heute das Damaskustor. Dieses wurde während der türkischen Herrschaft (1517–1917) zum Haupttor der Stadt und daher von Sultan Soleiman dem Prächigen im Jahre 1517 besonders reich verziert.
Nördliche Altstadtmauer
Innere Toranlage tgl. 9–17 Uhr
Eintritt

Davids-Zitadelle   Von hier sicherte man seit über 2000 Jahren die Westseite Jerusalems. Beginn der massiven Befestigung zur Zeit Herodes' des Großen (40–4 v. Chr.), der hier die drei Wachttürme »Hipikus«, »Pezael« und »Mirjiam« errichtete. Die Festung befand sich in der Nähe seines Palastes und bildete zusammen mit diesem einen Bastionskomplex. Nach der Zerstörung des Tempels (70 n. Chr.) verschanzten sich die jüdischen Zeloten an dieser Stelle zu ihrem letzten Gefecht gegen die römischen Truppen. In byzantinischer Zeit wurden zwei der Türme zerstört, der Sockel des dritten ist bis heute am Jaffator zu sehen; irrtümlicherweise ist dieser seit der Kreuzritterzeit als »Davidsturm« bekannt. Der Turm darüber – heute ebenso irrtümlich »Davids-Zitadelle« genannt – ist das Minarett einer Moschee verhältnismäßig jungen Datums (16. Jh.). In der Zitadelle befinden sich ein Freiluftmuseum und andere Museen, die interessante Funde aus der Geschichte dieser Festung ausstellen. Am Abend eine empfehlenswerte Multi-Media-Schau über die Geschichte Jerusalems. Vorführungen in Deutsch So, Di, Do 22.30 Uhr. Keine Vorstellung an Freitagen und Vorabenden zu Festtagen. (Warme Kleidung empfehlenswert.)
So–Do 9–16 Uhr, Fr 9–14 Uhr
Am Eingang gebührenfreies Informationsblatt

St.-Polyenctus-Kirche Der heilige Polyenctus, der Überlieferung nach ein armenischer Offizier im römischen Heer, wurde von den Römern zu Tode gefoltert, als man herausfand, daß er Christ war. Im Inneren schöne armenische Vogelmosaike (5. Jh.)
7–17.30 Uhr
Eintritt

Ein religiöses Erlebnis: Mea Shearim am Shabbat

Diese Tour ist ein eindrucksvolles Erlebnis besonderer Art. Sie gewährt Einblick in eine Welt, die ihre äußere Form und Ausdrucksweisen seit ca. 250 Jahren nahezu unverändert bewahrt hat; die Welt der jüdischen Frömmigkeit des »Schtetl«, deren große Zentren vor allem in Osteuropa durch die Shoah (Holocaust) vollständig vernichtet wurden. Eine Enklave aus einer fremden, nicht mehr bestehenden Welt. Bei den Bewohnern Mea Shearims handelt es sich um eine extrem kleine Gruppe, die sich vom übrigen orthodoxen Bevölkerungsteil stark abgrenzt. Der Rundgang sollte am Freitagabend oder am Shabbat früh unternommen werden, viel von seiner Besonderheit geht an normalen Wochentagen (einschließlich Sonntag) verloren. Einige Hinweise für den Besuch in Mea Shearim: Frauen sollten dezent gekleidet sein (diesbezügliche Hinweisschilder befinden sich hier allerorts), d. h. vorzugsweise das Knie bedeckende Röcke und Ärmel bis an die Ellenbogen tragen. Männer sollten auch bei heißem Wetter keine kurzen Hosen anziehen und beim Betreten von Synagogen den Kopf bedecken. Am Shabbat sind öffentliches Rauchen, Fotografieren (!) und die Benutzung von elektrischen Geräten (Walkman etc.) streng verboten. Um möglichst viel zu sehen und wenig Aufsehen zu erregen, sind Rundgänge in kleinen Gruppen von 3–4 Personen zu empfehlen.
Die Tour beginnt an der Straßenkreuzung Ha'neviim und Shivtei-Israel-Straße am ehemaligen italienischen Krankenhaus (19. Jh.), in dem sich heute das Erziehungsministerium befindet. Man sollte sich hier am Freitagabend nicht später als 15 Min. vor Sonnenuntergang oder Samstag früh nicht später als 9.30 Uhr eingefunden haben. Nördlich die erste Straße links ist die Mea-Shearim-Straße; nach ca. 50 m führt ein schmales Gäßchen nach rechts zur Yeshiva (Talmudschule) Toldot Aharon. Die dieser Yeshiva angehörenden Chassidim zeichnen sich durch ihre besondere Shabbat-Tracht aus: mantelartige, knöchellange, schwarz-gelb gestreifte Kaftane mit langen weißen Strümpfen und Pelzmützen verschiedener Art. Der Chassidismus ist eine zu Beginn des 18. Jh. in Osteuropa aufgekommene Frömmigkeitsbewegung des Judentums, welche sich sowohl in Lebensanschauungen als auch in Tracht und Gottesdienst von den »normativen« jüdischen Gemeinden unterscheidet. U. a. ist der Chassidismus ein wichtiger Träger jüdischer Mystik. Ihre Tracht setzt die Tradition aus dem Osteuropa des 18. Jh. fort, die Pelzmützen verschiedener Art waren zu jener Zeit dem polnischen Adel vorbehalten. Die laute Gebetsekstase dieser chassidischen Gemeinde mag befremden – und ist übrigens auch dem normativen Judentum und seinem versammelten Gebet ganz und gar fremd. Ein typisches chassidisches Gebet hört man in der Synagoge der Brezlawer-Chassiden, in der zweiten Etage eines Hauses, das auf der linken Straßenseite etwa 20 m von der Talmudschule Toldot Aharon entfernt liegt. Im Innern der Synagoge ist der Gebetssaal der Männer zu-

Zu Füßen der russisch-orthodoxen Maria-Magdalena-Kirche
liegt die Todesangst-Basilika

meist gedrängt voll. Die Frauen beten hinter einer fast undurchsichtigen Gardine in der Frauenabteilung, weniger zahlreich vertreten – bedingt durch die große Zahl der Kinder, die sie versorgen müssen. An der Ostwand, zum Tempelberg gewendet, der Thoraschrein mit den Thorarollen, aus denen am Shabbat und an den Feiertagen ganze Abschnitte vorgetragen werden. Dies geschieht in der Mitte des Raumes, wo sich ein meist erhöhter Tisch befindet. Am Shabbat tragen die Männer über ihrer Kleidung den Tallit (Gebetsschal mit Fransen).

100 m weiter links der Mea-Shearim-Straße ein Tor: Dies ist der Eingang zum ursprünglichen Mea Shearim, 1875 als eines der ersten Viertel außerhalb der schutzgewährenden Altstadtmauer gebaut. Daher errichtete man zum Schutz schmale, enggedrängte, festungsähnliche Häuser, in deren Außenwänden sich heute kleinere Lädchen befinden. Wie im Ghetto in Osteuropa wurden die drei Tore des Viertels früher gegen Abend geschlossen. Mit Betreten des Tores befindet man sich im Zentrum des ultra-orthodoxen Wohnviertels. Ca. 50 m vom Tor steht rechter Hand die zentrale Yeshiva, in der dreijährige Kinder bereits ihr Studium beginnen und bis zum Alter von zwanzig Jahren fortsetzen.

Zurück zur Mea-Shearim-Straße, folgt man dieser weiter den Berg hinauf, bis man rechter Hand (gegenüber der Hausnummer 77) wiederum auf ein Tor stößt. Die Treppen führen ins Zentrum der weiten Höfe der »Ungarischen Häuser«, die genau nach dem Vorbild des jüdischen Stetls im Osteuropa des 18.

und 19. Jh. angelegt wurden. Wieder auf der Mea-Shearim-Straße, folgt man dieser weiter nach Westen. Die vielen Plakate und Inschriften an den Wänden zeugen von der Feindseligkeit einiger Gruppen dem Staat Israel gegenüber, dessen profane Regierung sie nicht anerkennen. Sie verweigern den Wehrdienst, unterhalten ihre eigenen unabhängigen Lehrinstitutionen und Sozialeinrichtungen, haben ihre eigenen Gerichtshöfe und sprechen überwiegend jiddisch, um die heilige Sprache nicht zu profanisieren. Rund 130 m weiter auf der Mea-Shearim-Straße sind auf der rechten Seite Treppen (Leib-Dayan-Str.), die in das Beth-Israel-Viertel führen, das mit seinen kleinen Häusern und engen, vernachlässigten Gassen sehr malerisch wirkt. Hier leben überwiegend fromme Juden aus den orientalischen Ländern. In ihren Synagogen sitzt man längs der Wände im Kreis und nicht nach dem Muster europäischer Kirchen in Reihen. Auch Art und Melodien der Gebete dieser Gemeinden, ihre Kleidung, Sitten und Gebräuche sind völlig verschieden von denen ihrer europäischen Glaubensgenossen. Die Hauptkreuzung des Viertels, der Kikar Ha'shabbat (Sabbath-Square), ist häufig Schauplatz stürmischer Protestkundgebungen der Bewohner Mea Shearims zur Wahrung religiöser Werte im Staate. Von hier gelangt man bergaufwärts durch die Strauss-Straße zurück zur Jaffa-Straße. Weitere, teils malerische Viertel mit besonderem religiösem Charakter befinden sich südwestlich des großen Merkas-Klal-Geschäftszentrums (Jaffo-Str. 99) und südlich der Agrippas-Straße.

Sonstige Sehenswürdigkeiten von A–Z

Äthiopische Kirche Man klopft am Portal und wird von einem äthiopischen Mönch im Innern der Kirche herumgeführt. Über dem

Eingang ein mit zwei Löwen geschmückter Fries (die Löwen sind heute Symbol Äthiopiens, doch eigentlich althebräischen Ursprungs –

der Löwe Juda). Die Äthiopier sehen sich als Nachkommen der Vereinigung König Salomons mit der Königin von Saba (1 Kön 10,1–11). In der Kirche befindet sich auch eine alte Pergamentrolle des Neuen Testaments.

In der Abessiner-Str., Altstadt

Alexandra-Hospiz Russisch-orthodoxe Kirche in der Altstadt gegenüber der lutherischen Erlöserkirche. Bei dem Bau der Kirche im 19. Jh. wurden hier Überreste der Stadtmauer aus der Zeit des Zweiten Tempels (bis 70 n. Chr.) gefunden. Auch ein Bogen aus der Zeit des Kaisers Hadrian (135 n. Chr.) ist noch zu sehen.

Mo–Do, 9–15 Uhr

Coenaculum **(Abendmahlssaal)**
Mehrere Überlieferungen sind mit dieser Stätte verbunden: Ort des Abendmahls Jesu mit seinen Aposteln (Lk 22,11–38), Ort des Wunders der Ausschüttung des Heiligen Geistes über die Apostel (Apg 2,1–13) und Erwählung des Matthäus als Nachfolger Judas'. Der Saal selbst ist im mittelalterlich-gotischen Stil erbaut und enthält sogar einen nach Mekka gerichteten islamischen Michrab. Das ganze Gebäude, einschließlich des Davidsgrabes, wurde zu ottomanischer Zeit als Moschee benutzt, der Aussichtsturm auf dem Dach war das Minarett der Moschee. Östlich zum Eingang des Davidsgrabes der Holocaust-Keller (Martef Ha'Shoah), eine Gedächtnisstätte, an deren Wänden sich Hunderte von Gedächtnistafeln mit Namen der von den Nazis vernichteten jüdischen Gemeinden befinden; außerdem Ausstellung einer Sammlung geretteter Kunstgegenstände aus Europa.

Im Gebäude des Davidsgrabes
Tgl. 9–16 Uhr

Davidsgrab Befindet sich in einem zweistöckigen Gebäude auf dem Boden eines ehemaligen Franziskanerklosters aus dem 14. Jh. In einem großen Saal steht das Kenotaph Davids vor einer Apsis, wahrscheinlich einst eine Synagogenkirche. Das Grabmal ist in eine verzierte Decke gehüllt und mit silbernen Thorakronen geschmückt. Dieses Grab wurde zuerst von den Christen, dann von den Moslems und erst in späterer Zeit auch von den Juden verehrt. Heute gilt als sicher, daß es sich bei der Zuordnung um einen Irrtum handelt, da König David in der Davidstadt begraben wurde (1 Kön 2,10), die genaue Lage des Grabes jedoch erst in den sechziger Jahren dieses Jh. festgelegt wurde (über dem Kidrontal). Im Westen, außerhalb des Saales, führen Treppen hinauf zu einem schönen Aussichtspunkt; während der Teilung der Stadt (1948–67) versammelten sich hier viele Juden aus der Weststadt, um auf die von hier sichtbare, jedoch zu der Zeit unerreichbare Klagemauer blicken zu können. Der an das Davidsgrab angeschlossene Raum, der heute als Synagoge dient, soll der Ort gewesen sein, an dem Jesus seinen Jüngern die Füße wusch (Joh 13,5–11).

Südöstlich der Dormitio-Kirche

Dormitio-Kirche Wahrzeichen des Zionsberges. Hier soll Maria, die Mutter Jesu, in ihren Totenschlaf (dormitio) versunken sein. Die deutsch-katholische, neoromanische Kirche mit ihrem grünen Kegeldach und Glockenturm bildet den Zentralbau des Berges. (Das Zifferblatt des bei Nacht erleuchteten Glockenturmes gleicht einem mit Helm versehenen Antlitz, wird deshalb im Volksmund auch »der Wächter der Mauer« genannt.) Das Gelände wurde Kaiser Wilhelm II. von Sultan Abdul Hamid zum Geschenk gemacht, 1910 wurde der Bau der Kirche beendet. Sie steht auf den Grundmauern der riesigen Basilika »Hagia-Zion«, die im 6. Jh. von

Kaiser Justinian errichtet wurde. Einer weiteren Überlieferung nach soll sich Jesus hier nach seiner Auferstehung den Jüngern offenbart haben (Joh 20,19). In der Apsis der Kirche ein wunderschönes Rundmosaik auf dem Boden, das die Tierzeichen, die zwölf Apostel und die Porträts von vier Propheten zeigt; in seinem Zentrum drei verschlungene Ringe, Zeichen der Dreieinigkeit. An den Wänden sechs kleine Kapellen mit Mosaikschmuck, die Wände zwischen den Fenstern und der Apsis zeigen eine Reihe von Propheten. Die Treppe führt nach unten zur Krypta, die Maria im Totenschlaf zeigt. Sie ist wiederum von sechs Seitenkapellen umgeben, deren Altäre von verschiedenen katholischen Gemeinden aus aller Welt gestiftet wurden. Sechs Medaillons am Baldachin zeigen sechs biblische Frauengestalten: Eva, Miriam, Yael, Judith, Ruth und Esther.
Auf dem Zionsberg
7.30–12.30, 14–19 Uhr

Erlöserkirche (Church of the Redeemer) Deutsch-lutherisch. Erbaut auf dem Gelände des Hospiz und der Kirche St. Maria Latina aus dem 9. Jh. Der Bau der Kirche wurde 1898 mit dem für das 19. Jh. wichtigen Besuch des deutschen Kaisers Wilhelm II. begonnen. Vom Glokkenturm hat man einen der schönsten Ausblicke über die Altstadt und deren Umgebung. Abends finden hier häufig Konzerte statt.
Im Muristan-Viertel der Altstadt, nahe der Grabeskirche
Mo–Do, 9–13 Uhr, 14–17 Uhr; Fr 9–13 Uhr; So 10 Uhr deutscher Gottesdienst

Gan Ha'azma'ut (Independence Garden) Stadtpark östlich der King-David-Straße. In seinem Areal einer der vielen alten Zisternen (1. Jh. v. Chr.), die die Stadt mit Wasser versorgten. Im Südosten des Parkes ein alter arabischer Friedhof.

Garten der Freiheitsglocke (Liberty Bell Garden) Enthält ein Duplikat der berühmten Freiheitsglocke in Philadelphia (USA), ein Geschenk dieser Stadt. Schöne Anlage, in der viele Freiluftveranstaltungen stattfinden.
King-David-Str.

Gartengrab Der anglikanischen Überlieferung nach das Grab Christi (Ablehnung der Grabeskirche als nicht authentisch, da der Verlauf der Mauer nach Meinung der Anglikaner auch damals mit der heutigen übereinstimmte. Nach jüdischem Gesetz durfte aber niemand innerhalb der Mauer begraben werden). Im Jahre 1865 entdeckte der britische General Gordon hier einen schädelartigen Felsen (»Golgulta«, aramäisch: Schädel): Stätte der Kreuzigung (Joh 19,16–18). Am Eingang des Gartens die Begräbnishöhle mit zwei Räumen. In der Grabkammer zwei parallele Grabstätten (Joh 19,41–42).
Mo–Sa 8–12, 14.30–17 Uhr
Nähe des Damaskustors

Gilo Typisches Jerusalemer Wohnviertel nach 1967, Satellitenvorstadt im Süden Jerusalems, deren Name bereits in der Bibel erwähnt wird. Zeichnet sich durch interessante Bauart ihrer Häuser aus. Viele Gärten mit schönem Blick auf Jerusalem.

Große Synagoge Ein sehr moderner Prachtbau im Theaterstil, dessen Errichtung viele Kontroversen verursachte.
King-George-Str., gegenüber dem Plaza-Hotel
So–Do, 9–13 Uhr, Fr 9–11 Uhr.

Hadassa-Krankenhaus Das Krankenhaus wurde 1951/52 als Ersatz für das Hadassa-Hospital auf dem Skopusberg erbaut, da der Skopusberg durch den 1948er Krieg von der Stadt abgeschnitten war. Die eigentliche Attraktion sind die Chagall-Fenster in der Synagoge des Krankenhauses. Die 12 von Mark Chagall bemalten Glasfenster zeigen Szenen aus dem Leben der 12 Söhne Jakobs, den Stammvätern des Volkes Israel.

Ejn Karem
Eine Führung, die einen kurzen Film über das Hadassa-Institut einschließt, findet So–Do um 8.30, 9.30, 10.30, 11.30, 12.30 Uhr statt (in englischer Sprache). Sa und an Festtagen für Besucher geschl. Eintritt, Studentenermäßigung

Hebräische Universität – Givat Ram Campus Erbaut als Ersatz-Campus der 1948 von der Stadt abgeschnittenen Universität auf dem Skopusberg. Heute befinden sich hier die naturwissenschaftliche Fakultät und die Rubin Musikakademie. Das Zentralgebäude ist die National-Bibliothek, in deren Kellern sich Millionen von Büchern und Veröffentlichungen aus Israel und der ganzen Welt befinden. Auf den Gebieten der Judaica, des Zionismus und der Israel-Studien ist dies die größte Bibliothek der Welt. In der zweiten Etage ein bemaltes Glasfenster (100 qm) des Künstlers M. Ardon, deren drei Teile Jerusalemer Wallfahrer (Jes 2,3), Jerusalem und seine Mauern und das Ende der Kriege (»Schwerter zu Pflugscharen« Jes 2,4) darstellen.
Givat Ram

Herodes-Familiengrab Es scheint unwahrscheinlich, daß dieses so überaus bescheidene Grabmal das des megalomanischen Baumeisters Herodes des Großen sein soll. Das Grab wird jedoch durch den römischen Geschichtsschreiber Josephus Flavius bestätigt und dürfte wohl aus dem 1. Jh. v. Chr. stammen. Der Eingang ist durch einen Rollstein fast versperrt und führt in die 1892 entdeckte Grabhöhle mit vier kleinen, für Sarkophage bestimmte

Räume. Zwei hier gefundene Sarkophage befinden sich heute im griechisch-orthodoxen Patriarchat in der Altstadt.
King-David-Str., in der Nähe des King-David-Hotels

Herodestor So benannt, da in seiner Nähe irrtümlich der Palast Herodes' des Großen vermutet wurde. Wegen der seitlich in den Stein eingemeißelten Blumenrosetten oft auch Blumentor genannt. Wie die übrigen Tore, außer dem Neuen Tor, vom türkischen Sultan Soliman dem Prächtigen 1540 erbaut.
Altstadtmauer

Herzlberg Der höchste Berg im Westen Jerusalems (870 m). Grabstätte Dr. Theodor Herzls, Begründer des modernen Zionismus. Der Traum Herzls, nach 1800 Jahren Diaspora im Lande Palästina wiederum einen jüdischen Staat Wirklichkeit werden zu lassen, erfüllte sich, als die Uno-Vollversammlung 1947 die Errichtung eines jüdischen Staates in »Eretz Israel« beschloß. Herzl gilt heute als Vater des modernen israelischen Volkes; an seinem Grabe nehmen alljährlich die Unabhängigkeitsfeiern Israels ihren Anfang. In der Nähe der schlichten Grabstätte Herzls noch andere Gräber führender Persönlichkeiten der zionistischen Bewegung. Am anderen Ende des Berges – in einer schönen Parkanlage – der große Soldatenfriedhof für die Gefallenen der Kriege seit 1948.
Am Ende der Herzl-Avenue

Hurva-Synagoge Einst große und prachtvolle Synagoge im Zentrum des Jüdischen Viertels, 1948 von der jordanischen Armee zerstört. Der charakteristische restaurierte Bogen (Höhe 13 m) wurde zum Wahrzeichen des Jüdischen Viertels. Die Kuppel der Synagoge stützte sich auf 4 gleichartige Bögen und erreichte eine Höhe von 26 m. Die ursprüngliche Form der Synagoge läßt sich Fotografien entnehmen, die sich an den Innenwänden der Ruine befinden.

Die Synagoge wurde ursprünglich 1700 von Rabbi Yehuda, dem Frommen, und seinen Schülern erbaut, die aus Polen nach Jerusalem gekommen waren. Sie wurde kurz darauf von den Moslems zerstört und 1864 in prunkvoller Weise wiederaufgebaut, wiederum von einer Gruppe osteuropäischer Juden. Gegenwärtig gibt es verschiedene Restaurationspläne für die Synagoge, auch diese sind an den Innenwänden der Ruine zu sehen. Die Nische im Osten enthielt früher den Thoraschrein.

Türkisches Viertel

Italienisches Krankenhaus Typischer italienischer Renaissance-Bau, dem Palazzo Vecchio in Florenz nachempfunden. Diente als Hospital und Kirche für italienische Pilger und als Beweis italienischer Machtstellung in Jerusalem. Heute Gebäude des israelischen Erziehungsministeriums.

Shivteh-Israel, Ecke Ha'newiim-Str.

Jemin Mosche Eines der schönsten und malerischsten Viertel der Stadt. 1890 in der Nähe des ältesten jüdischen Viertels außerhalb der Stadtmauer (Mischkanoth Scha'ananim, 1860) gegründet. Eine Typhus- und Choleraepidemie in der stark überbevölkerten Altstadt zwang die Bewohner im 19. Jh., sich auch erstmalig außerhalb der schutzgewährenden Stadtmauer niederzulassen. Jemin Mosche wurde zwischen 1948–67 sehr verwüstet und fast gänzlich verlassen (Grenzviertel). Nach 1967 wurde hier renoviert, und Jemin Mosche wurde zu einem der angesehensten und beliebtesten Wohnviertel der Stadt mit Blick auf den Zionsberg und die Stadtmauer. Die Windmühle im Viertel wurde 1860 von Moses

Montefiore (jüdischer englischer Finanzpolitiker) erbaut und enthält heute ein Museum über die Geschichte des Viertels.

King-David-Str.

Museum tgl. außer Sa 9–12

Jochanan-ben-Zakkai-Synagoge

Eine von vier sephardischen Synagogen, die sich unterhalb des Straßenniveaus befinden – entweder als Folge einer moslemischen Bauauflage oder aber, um dem Psalmtext Ausdruck zu verleihen: »Aus der Tiefe, Herr, rufe ich zu Dir« (Ps 130).

In der Synagoge befinden sich an der Ostseite zwei Thoraschreine, darüber ein Gemälde, welches das himmlische Jerusalem darstellt. Die orientalischen Juden sitzen im Gegensatz zu ihren europäischen Glaubensgenossen nicht in Reihen, sondern um das Gebetpult herum im Kreis.

Jüdisches Viertel

So–Do, 9–16 Uhr, Fr 9–13 Uhr

Eintritt, Studentenermäßigung

Kloster des Kreuzes (Monastary of the Cross)

Der mit mittelalterlicher Mauer umgebene, burgähnliche Bau zeugt davon, daß diese Gegend vor weniger als 100 Jahren noch offenes, unbesiedeltes Land war, in dem wilde Tiere und Straßenräuber ihr Unwesen trieben. Heute bildet die im 11. Jh. von georgischen Mönchen auf Grundfesten aus dem 5. Jh. erbaute Stätte einen starken Kontrast zu den sie umgebenden modernen Wohnvierteln. Der Überlieferung nach wurde von hier Holz des Baumes, den Adam, der erste Mensch, gepflanzt haben soll, zur Kreuzigung Jesu genommen. Eine Gruppe von Bildern mit einer Darstellung der Geschichte dieses Baumes befindet sich in der Kapelle. Der Baum soll unterhalb des heutigen Altars gestanden haben. Das Bodenmosaik in der Kapelle stammt aus dem 5. Jh. Ein Rundgang entlang der Mauern des Klosters ist lohnend.

Chajim-Hasass-Allee, östl. vom Israel Museum

Do–Sa 9–14 Uhr

Knesset (hebr.: »Versammlung«) Hier tagt das Parlament der 120 israelischen Abgeordneten, die alle vier Jahre gewählt werden. Die Versammlung setzt sich aus dem rechtsstehenden großen Bürgerblock, der gemäßigten Sozialistischen Arbeiterpartei und einigen religiösen Parteigruppen und kleinen Splittergruppen zusammen. In der Knesset sitzen neben der Mehrzahl der jüdischen Abgeordneten auch arabische, drusische und andere Minderheiten.

Gegenüber vom Eingangstor eine große Menorah (siebenarmiger Leuchter), ein Geschenk des britischen Parlaments, mit Darstellungen aus der jüdischen Geschichte. (Ein Werk des Künstlers Benno Elkan.) Die Eingangspforten selbst sind das Werk des Bildhauers David Polombo. Rechts vom Eingang ein ewiges Licht zum Andenken an die Kriegsgefangenen. Ein Besuch in der Knesset ist nur in Gruppen möglich, die von autorisierten Führern durch die verschiedenen Teile des Gebäudes geführt werden; Erklärungen über die Kunstwerke in der Knesset und über die Tätigkeit des Parlaments sind Teil der Führung. Die Sitzungen der Knesset sind öffentlich. Ganz in der Nähe der Knesset die Regierungsgebäude im Ben-Gurion-Viertel. Ein schöner Rosengarten befindet sich im Westen der Knesset.

Nahe dem Israel-Museum

Führungen So–Do, 8.30 und 14.30 Uhr (Reisepaß nicht vergessen!)

Königsgräber (Tomb of the Kings) Eindrucksvolle Stätte aus der Zeit des Zweiten Tempels (bis 70 n. Chr.). Monumentales Grabmal der Königin Helene von Adia-

bene, vormals fälschlich als Gräber der Könige von Juda bekannt. Die persische Königin, die im 1. Jh. n. Chr. mit dem größten Teil ihres Volkes zum Judentum übergetreten war, kam mit ihrer Familie im Jahre 40 n. Chr. aus Persien nach Jerusalem. U. a. durch den Bau dieses riesigen Grabmals gab sie den Armen Jerusalems neben Lebensmitteln auch Arbeit.

Vom Vorhof des Grabes führt eine 9 m breite Treppe zum Grab hinab. Zwei Rinnen in der Felswand leiten das Regenwasser in zwei Zisternen. Links ein großes Portal, das zu dem 28 x 26 x 11 m großen Zentralhof führt, durch riesige Ausschachtungen aus dem Felsen geschaffen. Die Eingangshalle des Grabes ist weitgehend zerstört, die Säulen sind verschwunden, doch der herrliche, mit Blättern und Kränzen geschmückte dorische Fries ist noch teilweise erhalten. Zu der aus mehreren Teilen bestehenden, weiten Grabkammer (Platz für über 40 Sarkophage) führt ein schmaler Eingang. Die Sarkophage selbst sind alle geraubt worden, bis auf einen, der erst 1863 entdeckt wurde und sich heute im Louvre befindet. Die Grabstätte gehört heute der französischen Regierung, die sie als Geschenk des vorherigen Grundbesitzers erhielt.

An der Einmündung der Salah-ed-Din-Str. in die Nablus-Str.

Mo–Sa 8–12.30, 14–17 Uhr (Taschenlampe nicht vergessen)

Messias-Kirche (**Christ Church**) Die erste protestantische Kirche im Nahen Osten. Nach jahrelanger Weigerung der ottomanischen Regierung 1849 erbaut. Bezeichnet den Beginn massiver europäischer Bautätigkeit in Jerusalem. Das Innere der Kirche modern, mit hebräischen Inschriften u. a. an der Apsis: Damit wollte man missionarisch Juden in die Kirche bringen. Ein Kreuz wurde aus diesem Grunde erst im 20. Jh. in der Kirche angebracht. An

Die Knesset, Sitz des israelischen Parlaments

die Kirche angeschlossen war das Haus des britischen Konsuls.
In der Nähe des Jaffa-Tors, gegenüber der Davidszitadelle
Mo–Sa 9–12, 14–17 Uhr

Mülltor Wie alle Tore, die von Sultan Soliman dem Prächtigen gebaut wurden (1540), ein zweiwinkliges Tor, um dem Feind das Eindringen in die Stadt zu erschweren. Die Jordanier begradigten das Tor nach 1948, um es als Durchfahrt für Fahrzeuge zu benutzen, und Israel gab ihm nach 1967 sein jetziges Aussehen. Der Name rührt daher, daß durch dieses Tor während vieler Jahre der Müll aus der Stadt befördert wurde.
Altstadtmauer, nahe der Klagemauer

Omar-Moschee Die ziemlich unscheinbare Moschee stammt aus dem späten 12. Jh.; hier soll der Kalif Omar 638 n. Chr., als er die Stadt eroberte, sein Gebet verrichtet haben, um dem Christentum in der naheliegenden Grabeskirche seine religiösen Rechte nicht zu nehmen. Irrtümlich wird in offiziellen Reiseführern der Felsendom oft auch als »Omar-Moschee« bezeichnet. Es wird angenommen, daß der Glockenturm der Grabeskirche demontiert wurde, um nicht mit der Höhe der neuerbauten Moschee zu wetteifern.
Nahe der Grabeskirche

Rechavia Schönes, ruhiges Wohnviertel. 1921 gegründet und von vielen ehemaligen deutschen Juden bewohnt. Im Süden des Viertels, in der Präsidentenstraße (Rehov Ha'nassi), die elegante Residenz des israelischen Staatspräsidenten; ebenfalls im Viertel (Alfassi-Str. 10) das Grab Jasons, ein prächtiges Grabmal aus der Zeit des Zweiten Tempels (1. Jh. n. Chr.).

Russenplatz (Russion Compound) Teil des früher ummauer-

ten russischen Bezirks, 1860–72 vom Zar Alexander II. zum Beweis seiner Machtposition in Jerusalem und als Unterkunft für russische Pilger erbaut. Im Zentrum des großen Platzes die russisch-orthodoxe, im byzantinischen Stil erbaute Kirche der Dreieinigkeit (nur Sonntag mittags zu kurzer Andacht geöffnet). In einem der vielen bescheidenen Hospizgebäuden daneben tagt heute der Oberste Gerichtshof Israels. Südlich der Kirche eine von einem Gitter umgebene liegende Steinsäule, die ursprünglich den Tempel Herodes' des Großen verschönern sollte, doch wegen eines Risses im Gestein als unbrauchbar zurückgelassen wurde.
Stadtzentrum, nördlich der Jaffa-Str.

St. Peter In Gallicantu (Hahnenschreikirche) Eine besonders interessante Kirche mit herrlicher Aussichtsveranda (Blick auf das Kidrontal, die Davidstadt und den Ölberg). 1931 auf den Ruinen einer byzantinischen Kirche (5. Jh.) erbaut. Die Ausgrabungen begannen 1888, als man hier in der Krypta der Kirche ein Gefängnis aus der Zeit Herodes' des Großen fand, darunter eine Isolationszelle, einstiges Grab aus der Zeit des Ersten Tempels (6. Jh. v. Chr.) Der Überlieferung nach soll Jesus hier auf sein Urteil vor dem Hohenpriester gewartet haben, und hier bewahrheitete sich seine Voraussage über Petrus, »In dieser Nacht wirst Du mich dreimal verleugnen« (Mk 14, 29–31, 53–72), daher auch »Hahnenschreikirche«. Außerhalb der Kirche Treppen, die vom Zionsberg hinunter in die Davidstadt führen. Bemerkenswert ist die Kuppel in Form eines Kreuzes aus buntem Glas.
Am Abhang des Zionsberges, nahe dem Zionstor
Tgl. 9–12, 15–17 Uhr

Skopusberg (Har Zofim) Der Berg beherrscht die Stadt topogra-

Auf dem Gipfel des Zionsberges: Die Dormitio-Kirche

phisch vom Norden her. Von hier aus erspähten (skopein = griech: »spähen«) und eroberten durch die Geschichte hindurch feindliche Armeen Jerusalem: die Heere Assyriens (701 v. Chr.), Babylons (586 v. Chr.), Persiens (538 v. Chr.), Griechenlands (332 v. Chr.), Roms (70 n. Chr.), der Kreuzritter (1099 n. Chr.) und schließlich die israelische Armee 1967. Von West nach Ost befinden sich heute auf dem Berg die folgenden Stätten: das neue, elegante Hyatt-Hotel, die Studentenwohnhäuser, der Soldaten-friedhof für die gefallenen Soldaten des 1. Weltkrieges, das Hadassa-Krankenhaus, die Hebräische Universität, das christlich-arabische Hospital »Augusta-Viktoria«, und die neue Mormonen-Universität. Vom Skopusberg nach Osten viele schöne Ausblicke zur judäischen Wüste, zum Toten Meer und zu den Bergen Moabs in Jordanien. Die Universität und der Hadassa-Hospital-Komplex wurden 1925 erbaut und 1948 durch die Kämpfe vom jüdischen Westteil Jerusalems abgeschnitten. Bis 1967 bildeten sie eine isolierte israelische Stellung; deshalb wurden ein neuer Universitäts-Campus (Givat Ram) sowie ein Ersatz-Krankenhaus (Ejn Kerem) gebaut. Mit der Wiedervereinigung der Stadt 1967 wurde der Universitäts-Campus auf dem Skopusberg intensiv weiterentwickelt. Die Universität präsentiert sich als eine Ansammlung leicht megalomanisch anmutender Gebäude aus Stein und Marmor. Neben diesen befinden sich schöne Gartenanlagen und – als schönster Aussichtspunkt – im Osten ein Amphitheater mit Blick auf die judäische Wüste. Hier fand 1925 die Einweihungsfeier der Universität statt, heute gibt es hier im Sommer Konzerte. Schöner Ausblick auf die gesamte Altstadt auch von der Veranda des Gästehauses »Maiersdorf«. Gehfreudige Besucher finden östlich des Wäldchens am »Augusta-Viktoria-Krankenhaus« den schönsten Aussichtspunkt nach Osten.

Yad Vashem   Das erschütternde Mahnmal für die 6 Millionen Opfer des Nationalsozialismus ist die bedeutenste Gedenkstätte des jüdischen Volkes. In seinen Archiven befindet sich die größte Dokumentation der Shoah (des Holocaust), des Nationalsozialismus und der Neonazibewegung. Das Archiv steht mit Organisationen und Institutionen der ganzen Welt in Verbindung, die sich mit diesen Themen befassen, und ist der Öffentlichkeit zugänglich. Ein *Denkmal für die 1½ Millionen während des Holocaust ermordeten Kinder* wurde 1987 am Eingang Yad Vashems errichtet. Um die ganze Kraft dieses Ortes zu erfassen, sollte man in seinem Innern eine Zeitlang verweilen. Das Licht von sechs Kerzen wird durch ein Spiegelsystem in Millionen von kleinen Flämmchen vervielfältigt. Aus dem Hintergrund hört man die Namen von Kindern, die in den verschiedenen Todeslagern umgekommen sind. Beim Verlassen der Stätte beeindruckt der Kontrast zur pastoralen Ruhe der Berge, welche die Stätte umgeben. Links vom Fußweg das Standbild des Jugenderziehers Janosz Korcsak, der freiwillig mit den Kindern des Waisenhauses im Lager Treblinka in den Tod ging. Auf der Anhöhe eine 130 m hohe Gedächtnissäule aus Stein. Von dort gelangt man zum Vorplatz des Ohel-Iskor (Zeit der Erinnerung): ein großer Betonbau mit zeltförmigem Dach über einem Basaltsteinboden, in dem die Namen von 22 Todeslagern eingemeißelt sind, mit dem Namen »Auschwitz«, wo allein über eine Million Juden ermordet wurden, im Zentrum. Ein ewiges Licht brennt vor einer Bronzeschale, die Asche der Opfer aus jedem der Lager enthält. Einmal jährlich findet hier am Tage der Shoah und des Ghettoaufstandes eine Gedenkfeier statt. An der Wand des nächsten Gebäudes eine Rieseninschrift mit den Worten Jesajas (Jes 56), in denen das Wort »Yad Vashem« als Ewige Andenkenstätte erwähnt wird. Links Treppen, die hinunter zum Museum führen. Vorm Eingang des Museums sieht man von weitem eine große rötliche Mauer, in die sich zwei monumentale Skulpturen einfügen, die den Todesmarsch und den Aufstand in den Ghettos darstellen. (Ein Werk des Bildhauers

Rappaport, selbst Überlebender der Shoah) Die Nazifiguren sind gesichtslos und nur mit Stahlhelm und Bajonetten versehen. Im Museum an der Eingangswand »Die Wand des Holocaust-Heldentums« (N. Basam). Die 4 Teile stellen die Vernichtung des europäischen Judentums, Widerstand, Ankunft der Überlebenden in Israel und deren Zukunftshoffnung dar. Im Museum drei Abteilungen: a) die Schreckenszeit in Bild, Film und Dokumenten; b) Halle der Namen; Dokumentation von über 2 Millionen Ermordeter, oft ganze Gemeinden ohne Überlebende (der Katalog ist dem Publikum zugänglich), sowie eine kleine Sammlung von Kultgegenständen aus vernichteten Synagogen; c) Handarbeiten und Kunsterzeugnisse (zum Teil auch von Kindern) aus den Todeslagern. Vom Westausgang sichtbar ein eindrucksvolles Denkmal aus 6 riesigen Basaltsteinen, die einen Davidstern formen. Das Schwert in der Mitte symbolisiert die jüdische Widerstandsbewegung. Westlich der Anhöhe wird das »Grab der Gemeinden« mit den Namen der vernichteten Gemeinden angelegt. In der »Allee der Gerechten« ist jeder Nichtjude, der einem Juden das Leben gerettet hat, durch einen Baum verewigt. – Am Ausgang ein Geschäft mit Informationsmaterial über die Zeit der Shoah (in mehreren Sprachen). Weitere Gedächtnisstätten der Shoah befinden sich gegenüber der Zentral-Busstation (hohe Steinsäule mit der Inschrift »Niskor«: Wir werden gedenken) sowie im »Holocaust-Keller« am Zionsberg.
Har Hazikkaron
So–Do 9–17, Fr 9–14 Uhr

YMCA 1933 während der britischen Mandatszeit im neoklassischen Stil erbaut. Hoher Glockenturm mit herrlicher Aussichtsveranda, Bibliothek, Konzertsaal, Schwimmbad und Restaurant. Empfehlenswerte Multi-Media-Schau über Jerusalem.
Westlich des Gebäudes ein Sport-Zentrum und im Osten das weltbekannte King-David-Hotel.
Eintritt
King David Str.

Zedekia-Höhle Viele Legenden verbinden sich mit dieser Höhle, die, wie man vermutet, in der Nähe des Toten Meeres ihr Ende findet. 587 v. Chr. soll König Zedekia versucht haben, durch diese Höhle vor Nebukadnezar zu fliehen, in der Nähe Jerichos wurde er jedoch gefangengenommen und seines Augenlichts beraubt (Jer 52,7).
Es handelt sich um eine rund 200 m lange künstliche Höhle, früher ein Steinbruch, der einen Teil der Steine für die Bauten Herodes', wahrscheinlich auch schon für den Ersten Tempel, lieferte. Westlich des Eingangs das Garten-Grab mit Golgatha-Felsen und daneben eine weitere Höhle, wo vermutlich der Prophet Jeremias durch König Zedekia wegen seiner Voraussagen der Zerstörung Jerusalems verhaftet wurde (Jer 33,1).
So–Do 8–16, Fr 8–14 Uhr
Sultan-Soliman-Str.

Zionsberg Der Zionsberg ist im Südwesten vom Hinnomtal umgeben, auf seiner Spitze die Dormitio-Kirche, an diese anschließend der »Abendmahlssaal« (Coenaculum) und der Raum, in dem Jesus seinen Jüngern die Füße wusch, sowie (nach jüdischer Überlieferung) das Grab König Davids; eine weitere bemerkenswerte Stätte der »Holocaust-Keller« (Martef Ha'-shoah) zum Andenken an die durch die Nazis ermordeten 6 Millionen Juden. Eine armenische Kathedrale ist im Bau. Am Osthang des Zionsberges die »St. Peter In Gallicantu-Kirche« (St. Peter zum Hahnenschrei) Südwestlich der Altstadt

Museen

Das wichtigste Museum in Jerusalem, ein *Must* für jeden Jerusalem-Besucher, ist das Israel-Museum für jüdische Kunst und Völkerkunde, die Geschichte und Archäologie des Landes Israel und die Geschichte der jüdischen Diaspora. Das Museum ist in den letzten Jahren vollständig renoviert worden, so daß auch derjenige, der das Museum vor längerer Zeit schon einmal besucht hat, ihm einen erneuten Besuch abstatten sollte. Teil des Museums bildet der »Schrein des Buches«, in dem sich die berühmten Qumran-Rollen befinden. Für archäologisch Interessierte: das Rockefeller-Museum.

Israel-Museum und Schrein des Buches (Givat Ram) Zu empfehlen ist der Besuch des 1965 eröffneten Museums am Dienstagnachmittag, es ist dann weniger überfüllt, und die späten Nachmittagsstunden sind im Sommer kühl und laden zu einem anschließenden Besuch im Billy-Rose-Kunstgarten ein. Den Besuch beginnt man am besten mit dem *Schrein des Buches*, rechter Hand vom Eingang, der durch seine Form ins Auge fällt. (Extra Eintrittskarte, an der Kasse erhältlich; Studentenermäßigung) Hier befinden sich die berühmten »Rollen des Toten Meeres«, die 1947 von zwei Beduinen-Hirten in Tonkrügen in den Höhlen von Qumran im Norden des Toten Meeres gefunden wurden. Diese Schriftrollen enthalten die ältesten bisher gefundenen biblischen Texte, noch um 1000 Jahre älter als die bisher älteste bekannte Urkunde. Die Texte (Urkunden der essenischen Sekte) wurden für Millionen von Dollar für dieses Museum erworben; sie sind heute wichtigstes Material zur Bibelforschung und wichtigste Quelle zur Erforschung der Anfänge des Christentums. Vor dem Bau selbst erhebt sich eine große schwarze Mauer, daneben die mit weißen Porzellanplatten belegte Kuppel, die der Deckelform der Tonkrüge, in denen die Rollen gefunden wurden, nachempfunden ist. Der Schwarzweißkontrast soll den Namen einer der gefundenen Rollen symbolisieren: »Söhne des Lichts und der Finsternis«. Am Eingang des Schreins Skizzen und Ausstellungsplatten. Der Eingang selbst in Form einer Höhlenöffnung, und das Innere des Gebäudes ist einer Schriftrolle nachgeformt. Sensoren im Raum kontrollieren die Einhaltung der festgelegten Luftfeuchtigkeit und Temperatur; am Fundort wurden die Rollen durch große Trockenheit und fehlende Luftfeuchtigkeit konserviert. An den Wänden des Eingangstunnels u. a. Schriftstücke mit der Unterschrift des Anführers des zweiten jüdischen Aufstandes gegen Rom (132–135 n. Chr.), Schimon Ben Kosba (Bar Kochba), der bis dahin als Sagengestalt galt. Daneben einige Tonkrüge, die Hunderte von Rollen enthielten, von denen einige bis heute noch nicht entziffert worden sind. Die Platten an den Seitenwänden enthalten weitere Abschnitte aus den Rollen. Im Untergeschoß interessante Funde aus dem täglichen Leben der jüdischen Aufständischen und ihrer Familien, die vor 1900 Jahren in die

Im »Schrein des Buches« werden die Qumran-Rollen aufbewahrt, die zu den ältesten überlieferten Bibeltexten zählen

Höhlen der judäischen Wüste geflohen waren. Links vom Museumseingang periodische Wander- und Kunstausstellungen, noch weiter links der Jugendflügel, Stätte für kreative Beschäftigung Jugendlicher (8–18 Jahre). Weiter rechts der *Billy-Rose-Garden*, ein großes Freiluftmuseum mit Skulpturen von Rodin, Henry Moore und anderen.

Das *Samuel-Bronfman-Museum*, in mehreren ineinandergreifenden Pavillons angelegt, bildet den größten Teil des Museums. Hier werden Exponate aus allen Zeiten dargeboten. Rechts vom Eingang eine Ausstellung moderner israelischer Kunst. Die Treppen links vom Eingang führen hinunter zum archäologischen Flügel mit seinen häuserförmigen Sarkophagen aus kalkolitischer Zeit und einer Riesensammlung von Kupfergeräten, die durch einen Zufall in einer Höhle bei Ejn Gedi (am Toten Meer) gefunden wurden. Viele dieser feinbearbeiteten Geräte aus dem 4. Jh. v. Chr. sind Kultgegenstände jenes Tempels, den man in Ejn Gedi besuchen kann. Der Glasgeräte-Flügel ist chronologisch vom 13. Jh. v. Chr. bis zur Neuzeit angeordnet. Im Raum der Hebräischen Schriftzeichen befinden sich Siegel mit Namen, die zum Teil aus biblischer Zeit (bis zum 8. Jh. v. Chr.) stammen. Die Hauptattraktion bildet hier trotz seines Miniatur-Formats die silberne Platte des Priestersegens, die man nahe des Hinnomtals gefunden hat. Der Text stammt aus dem 6. Jh. v. Chr. und ist um rund 600 Jahre älter als die Textrollen aus Qumran, damit ist er der älteste bisher gefundene biblische Text; er beweist die Authentizität des häufig angezweifelten Bibeltextes »Und der Herr segne und behüte Dich; Er lasse sein Angesicht leuchten über Dir und sei Dir gnädig...« (Num 6,24–26). Interessant sind auch die anthropoidischen Begräbnisurnen aus dem 13. Jh. v. Chr., vermutlich ägyptischen Ursprungs,

im Nord-Sinai gefunden. In den Judaica-Sälen werden jüdische Kunst, geschnitzte Kultgeräte und Trachten der verschiedenen jüdischen ethnischen Volksgruppen aus Ost und West gezeigt. (Der vorgeführte kurze Film ist interessant und erleichtert das Verständnis.) Daneben eine italienische Synagoge, die komplett hierher überführt wurde. Der internationale ethnographische Flügel ist wegen der besonderen Anordnung seiner Ausstellungsstücke attraktiv. Die Säle der internationalen Kunstschätze dagegen sind bescheiden und können sich mit anderen internationalen Museen nicht unbedingt messen. Im Museum gibt es einen Konzertsaal, in dem abends neben Konzerten auch Filmvorführungen stattfinden.

Südlich der Knesset
So, Mo, Mi, Do 9–17, Di 16–22, Fr, Sa 10–14 Uhr
Eintritt, Studentenermäßigung

Habe-Museum der mikroskopischen Kalligraphie　Ein Museum besonderer Art: Es enthält u. a. die amerikanische Unabhängigkeitserklärung auf einer Eierschale, 15 Abschnitte des jüdischen Morgengebets auf Weizenkörnern, das biblische Buch »Obadja« in 0,5 cm Größe und eine Reihe weiterer Gegenstände, die nur durch Vergrößerungsgläser lesbar werden.
Ha'newiim-Str.
So–Do 9–12 Uhr

Museum der islamischen Kunst
Enthält Tausende von Ausstellungsstücken islamischer Kunst in Keramik, Glas und Metall, islamische Kalligraphie und interessante islamische Urkunden. Eine sehr umfangreiche Uhrensammlung wurde vor einigen Jahren gestohlen, die entsprechenden Ausstellungsvitrinen blieben seitdem verwaist.
Palmach-Str. 2
So–Do 10–13, 15.30–18 Uhr; Sa 10–12 Uhr

Museale Ölmühle

Rockefeller-Museum Dieser schöne, interessante Bau, 1927 von dem Amerikaner John D. Rockefeller jr. gestiftet, ist heute dem Israel-Museum angegliedert. Das Museum selbst ist nur für die an Archäologie Interessierten einen Besuch wert. Die Anordnung der zahlreichen Ausstellungsstücke ist jedoch auch für diese nicht sehr übersichtlich, folgende Liste soll daher das Zurechtfinden erleichtern.

Turm-Saal: Kopie einer Wand des Palastes in Niniveh, die die Belagerung von Lachisch durch den assyrischen König Sanherib (70 v. Chr.) darstellt.

Nördliches Achteck: u. a. ein Mosaik der Ejn-Gedi-Synagoge mit langer Inschrift.

Nord-Galerie: jüdische Funde bis 1300 v. Chr., darunter die in Hebräisch auf Ton geschriebenen Schriften aus Lachisch.

Nördlicher Raum: Bildhauerei aus der Kreuzritterzeit und die Türpfosten der Grabeskirche, die vollständig hierher überführt wurden.

Raum der Schmuckstücke: hauptsächlich Goldschmuck, teilweise aus dem 2. Jahrtausend v. Chr.

West-Galerie: Stuck-Fragmente und prächtige Deckenteile des Mischam-Palastes in Jericho.

Münzenraum: jüdische Münzen aus dem 1. Jh. n. Chr.

Süd-Raum: holzgeschnitzte Türpfosten der El-Aqsa-Moschee aus dem 18. Jh (wurden nach der Erneuerung der Moschee 1938−42 hierhergebracht).

Süd-Galerie: viele prähistorische Funde, darunter auch das Skelett des ungefähr 40 000 Jahre alten Homo Carmeliensis.

Süd-Achteck: Funde aus Ägypten und Mesopotamien, darunter Astele des Pharaos Seti I.

Außerhalb der Nordost-Ecke der Altstadtmauer am Herodestor

So−Do 10−17, Fr, Sa 10−14 Uhr.

Eintritt, Studentenermäßigung

Museum des »Zentrums des Viertels« Eine audio-visuelle Show in Englisch über die Entstehung des Jüdischen Viertels 10.30, 12.30, 14.30, 16.30 Uhr, So−Do 9−17, Fr 9−13 Uhr.

Straße der Juden, Jüdisches Viertel, Altstadt

Eintritt, Studentenermäßigung

Einkaufen

An erster Stelle sollte man den arabischen Basar in der Altstadt (David-Str.) aufsuchen. Der *Shuk* bietet dem Besucher eine unbegrenzte Auswahl an allem und jedem für jeden Geschmack und jeden Geldbeutel: Schmuck, Kunstgegenstände, Handarbeiten, orientalische Kleidungsstücke, Holzschnitzerei, armenische Keramik, Hebron-Glas und Palästinenser-Tücher in allen Farbtönen. Es darf jedoch nicht vergessen werden, daß dies ein orientalischer Basar ist und daß das Feilschen hier den zentralen Bestandteil der Preisgestaltung darstellt. Man kann häufig bis zu ⅔ des Preises herunterhandeln, zahlt jedoch dann meist immer noch zuviel. Immer häufiger findet man heute schon das Schild »Feste Preise« an den Läden des Basars, daneben existiert das alte System des Handelns jedoch weiter.

Handarbeiten und Kunstgegenstände kauft man trotz der Attraktivität des Basars doch vorzugsweise in Geschäften der Stadt.
Center 1
Einkaufszentrum neben der Zentral-Busstation
Chuzot Ha'jozer
Unterhalb des malerischen Jemin-Mosche-Viertels; Studios und Galerien. Läden mit reicher Auswahl an Handarbeit und Kunstgegenständen.
Südlich des Jaffa-Tores, im Hinnomtal
Jakob Heller
(Studio 22) Kunstgegenstände in geschmackvoller Ausführung in Silber und Gold.
King-David-Str. 22
Jüdisches Viertel
Läden für Handarbeiten und Kunstgegenstände.
Cardo-Str.
Hurva-Platz und Seitengassen
King-David's-Court
Gediegene Geschenkartikel.
King-David-Str. 19

Altertumsfunde kann man (beglaubigt) in folgenden Läden erwerben:
Baharat
David-Str. 46–48 (Altstadt)
Tel. 28 42 56

Bazar
Schmuck, Handarbeiten, Kunstgegenstände, nur Freitagnachmittag.
King-George-Str. 22
King David
David-Str. 10 (Altstadt)
Tel. 23 45 11

Bücher und Zeitungen
Heatid-Bookstore
Havazelet-Str. 2
Jarden
Jaffa-Str./Zionsplatz
Steimatzky
King-George-Str. 9, 28
Jaffa-Str. 39

Galerien
Arta-Gallery
Rabbi-Akiva-Str. 4
Tel. 22 78 29
Safrei-Gallery
Schlomzion Ha'malka 17
Tel. 22 12 94
Weitere Galerien gibt es im Jemin-Mosche-Viertel, Jüdischen Viertel und in Ejn Kerem.

Gemüse- und Obstmarkt
Farbenfroh und interessant mit seinen lautstarken Ausrufern.
Machne Yehuda Shuk, Jaffa-Str.
Tgl., nicht empfehlenswert Do und Fr. (viel Schmutz und Gedränge)

Im Shuk gehört Feilschen einfach dazu

Kaufhaus
Hamaschbir Lazarchan
King-George-Str. 20

Kunsthandwerk
Jerusalem Pottery
Bemalte armenische Keramik.
Altstadt, Via Dolorosa (5.
Station)
Kusari
Schöne orientalische Handarbeiten.
Tel. 82 66 32
Maskit
Schmuck und Handarbeiten.
Rav-Kook-Str. 12
Tel. 28 10 15

Wizo-Shop
Kultgegenstände und Handarbeiten.
Jaffo-Str. 34
Tel. 23 39 55
Yirmiyahu
Jemenitische Stickerei.
Jannai-Str. 3
Tel. 23 38 11

Schmuck gibt es buchstäblich überall in Jerusalem.
Teuren und edlen Schmuck bei H. Stern im Hilton Hotel, Tel. 53 61 51, und im King-David-Hotel, Tel. 22 11 11.

Essen und Trinken

Jerusalems Küche ist so international wie seine Bewohner: Einwanderer aus aller Welt haben während der letzten hundert Jahre ihre einheimischen Gerichte in dieses Land gebracht, und so findet der Besucher eine große Auswahl fremdländischer kulinarischer Genüsse.

Wer des Morgens an Kaffee und Croissant gewöhnt ist oder auf seine Figur achten will, wird von dem israelischen *Frühstück* allemal überwältigt sein. Die meisten Hotels und viele Cafés bieten ihren Gästen am Morgen ein wahres Mammut-Buffet an: frische Früchte und Fruchtsäfte, Oliven und Gemüsesalate, Hering und andere Fischspezialitäten, auf verschiedene Art zubereitete Eier, verschiedene Käsesorten, Humus-Spezialitäten (Püree aus Kichererbsen), Brötchen und Kuchen, Cornflakes und Quark. Auch das *Mittagessen* ist als Hauptmahlzeit des Tages reichhaltig, zumeist Fleisch mit Beilagen; Gulasch mit Sahnesauce wird der Reisende allerdings vergeblich suchen; die jüdischen Essensregeln (Kashrut) werden in Jerusalem fast überall streng beachtet, und diese verlangen zwischen Fleischgenuß und dem Verzehr von Milchprodukten einen Abstand von etwa sechs Stunden. Für den leichten Appetit bieten die Cafés und Restaurants in Jerusalem mittags selbstverständlich auch verschiedenste Salate und Sandwiches an. Die israelische *Abendmahlzeit* ist leicht und besteht meist nur aus Salat mit Oliven und etwas Käse. In Hotels und Restaurants wird allerdings auch ein warmes und reichhaltiges Abendessen angeboten.

In der Weststadt sind am Freitagabend und Samstag tagsüber fast alle Restaurants geschlossen (empfehlenswerte Ausnahme: MiVaMi, King-George-Str. 22, im City Cellar). Im Osten Jerusalems ist dagegen alles geöffnet, und die Hotels (auch in Westjerusalem) bieten selbstverständlich auch am Freitagabend überall warme Mahlzeiten. Eine festliche Kleiderordnung gibt es in Israel selbst in teuren Restaurants nicht: Man geht informell gekleidet und wählt in aller Regel auch selbst seinen Tisch. Als »amuse geule« bieten orientalische Restaurants vor der Bestellung einen Teller mit eingelegten Gurken, Oliven und Pfefferschoten mit Pita (Brotfladen) an. Die Bedienung ist in der Regel im Preis nicht eingeschlossen. Tips um 10 bis 15 Prozent sind üblich. Empfehlenswert sind die orientalischen Mittelmeer-Speisen wie etwa Kebab und Schischlik (geröstete Fleischspieße), Kube (mit Fleisch gefüllte Backspeise) oder Schwarma (geröstete Lammfleischschnitzel, meist in Pita serviert). Außerdem sollte man Humus und Falafel (gebackene Humusbällchen) in

Humus und Falafel: als kleiner Imbiß zu empfehlen

Pitafladen versuchen. Auch Tehina (Püree aus Sesamkörnern) gehört zu den israelischen Snacks, die geradezu Nationalspeisen zu nennen sind. Eine weitere Notiz zu Kashrut: Zur Osterzeit (Pessach) ist es den Juden verboten, jede Art von Brot zu essen; in Westjerusalem wird zu der Zeit allerorts Mazza (ungesäuertes Knäckebrot) angeboten.

Restaurants

Kategorie 1   über $ 40 pro Person, ohne Getränke
Kategorie 2 $ 20–40 pro Person, ohne Getränke
Kategorie 3   unter $ 20 pro Person, ohne Getränke

American Colony Hotel   Das Hotelrestaurant hat in Jerusalem einen legendären Ruf, die Küche – unter der Leitung eidgenössischer Köche – soll die beste der Stadt sein. Auch die landschaftlichen Reize der Umgebung tragen zum Genuß bei.
Nablus Road, East Jerusalem
Tel. 28 51 71
Preiskategorie 1

Be'Sograim   Gartenrestaurant mit großem und gutem Kuchenangebot. Das Restaurant steht im Ruf, ein Treffpunkt der Linken Jerusalems zu sein.
Ussihkin
Preiskategorie 2

Beta'avon   Traditionelle jüdische Küche.
King-George-Str. 21
Preiskategorie 2

Ejn Kerem Inn   Israelisches Gartenrestaurant in Ejn Kerem. An manchen Tagen Musikdarbietungen (israelische Folklore, Blues, aber auch Klassik). Im Sommer Blick auf atemberaubende Sonnenuntergänge.
Ha-Ma'yan-Str. 13
Preiskategorie 2

Gulash Inn   Ungarische Küche. Eines der besten Restaurants in Jerusalem. Sehr angenehme Atmosphäre, guter Service.
Ein Kerem
Tel. 41 92 14
Preiskategorie 1

Jerusalem Skylight   Gute internationale Küche und ein herrlicher Blick vom höchsten Gebäude Jerusalems.
Eilon Tower, Ben-Jehuda-Str. 34
Preiskategorie 2

King's Garden   Internationale Küche, sehr exklusive Atmosphäre. Der Blick über die Mauern der Altstadt und den Zionsberg ist herrlich.
King David Hotel, King-David-Str.
Tel. 22 11 11
Preiskategorie 1

Mandarin   Das beste chinesische Restaurant der Stadt, Szechuan- und Kanton-Küche. Sehr großzügige, authentisch dekorierte Räume. Bis 2 Uhr nachts geöffnet.
Schlomzion Hamalka 2
Tel. 22 28 90
Preiskategorie 1

Mei-Naftoah   Arabische Küche, aber auch Gerichte aus Kurdistan und dem Irak. Ländliche Atmosphäre, schöne Inneneinrichtung und in landschaftlich schöner Umgebung.
Scha'arei Jeruschalajim
Tel. 52 13 74
Preiskategorie 1

Mishkanot Sha'ananim   Lieblingstreffpunkt der Jerusalemer »High Society«, sehr erlesenes Ambiente, sehr gute Weine. Spaziergän-

ge in der näheren Umgebung sind lohnend.
Yemin Moshe
Tel. 22 51 10 und 23 34 24
Preiskategorie 1

La Moon Restaurant der Cinematek Jerusalem, das Publikum rekrutiert sich hauptsächlich aus deren Besuchern, ist also eher jung. Gelegentlich gibt es Live-Musik. Der Blick von der Terrasse auf die Altstadtmauern und den Zionsberg ist sehr schön.
Derech Hebron
Preiskategorie 3

Philadelphia Orientalisches Restaurant mit sehr gutem Ruf. Nach dem Essen gibt es Mokka und Bahlava (orientalischen Kuchen) auf Kosten des Hauses.
Kikar Remez, Remes-Str.
Preiskategorie 2

Isa'ad Temany Jemenitische Küche, ein wirkliches Erlebnis. Besonders zu empfehlen die verschiedenen Gerichte mit Mlavah – gebratenem Fladenbrot. Die Bedienung erklärt die verschiedenen Gerichte gern.
Moshe-Salomon-Str.,   Nahalat Shiv'a
Preiskategorie 2

Valentino Koscheres italienisches Hotelrestaurant. Hervorragend zubereitetes Essen, die Bedienung ist zuvorkommend und aufmerksam, das Interieur gediegen, mit Kerzenlicht und Musikern, die von Tisch zu Tisch gehen.
Hyatt Regency Hotel
Tel. 81 39 77
Preiskategorie 1

Yesh va'yesh Gartenrestaurant mit sehr persönlicher Beratung durch den Besitzer, der die originelle orientalische Speisekarte bei Bedarf näher erläutert. Die Gerichte werden ausschließlich mit frischen Kräutern zubereitet, die z. T. im Restaurantgarten selbst gezogen werden.
Emeq Refaim, Moshava Germanit
Preisklasse 2

Cafés und leichte Mahlzeiten

Ticho-House (Vegetarisch)
Rav-Kook-Str.

Zionist Confederation House
Emil-Bota-Str.

Cinematek
Hebron Rd.

Viele kleine Restaurants, auch sehr gepflegte und teure, mit angenehmer Atmosphäre, gibt es im Viertel Nachlat Schivah in der Nähe des Zionsplatzes (Stadtzentrum).

Speisenlexikon

Baklawah: irakischer Nußkuchen
Blintzes: jiddische Palatschinken (Pfannkuchen), süß oder salzig
Chavita: Omelette
Dagin: Fisch
Falafel: gebratene Kichererbsen-Bällchen, gewöhnlich in der Pittah (Brottasche) serviert
Gvina: Käse
Humus: Kichererbsenbrei
Kabab: gemortes Rind- oder Hammelhackfleisch
Latkes: Kartoffelpuffer
Lavan: Weißbrot
Lebben: saure Milch
Lechem: Brot
Lokschen: Eiernudeln
Marak: Suppe
Mashi: gefüllte Auberinen
Mohnlach: Gebäck aus Honig, Mandeln und Mohnsamen
Matzo: ungesäuertes Flachbrot
Ofot: Geflügel
Pittah: Brottasche
Schulent: jiddischer Bohneneintopf
Shuarma: Hammelfleisch am Drehspieß
Techina: Sesambrei
Yayin: Wein
Yerahot: Gemüse

Feste und Festspiele

In Jerusalem vergeht kaum ein Tag, an dem nicht irgendeine der drei Religionen oder der Hunderte von religiösen Strömungen und Sekten einen Festtag begehen. Die meisten jedoch sind für Außenstehende kaum von Bedeutung, deshalb werden im folgenden nur die für den Besucher interessanten Feiertage angeführt.

Christliche Feste   Weihnachten und Ostern. Besonders schöne Messen am Heiligabend in der lutherischen Erlöserkirche sowie in der katholischen Dormitio- und Christuskirche (man kann von einer zur anderen gehen...). In der Osterwoche ist besonders die Palmsonntags-Prozession vom Ölberg ein Erlebnis. Ostern wird in Jerusalem von den verschiedenen christlichen Glaubensrichtungen jeweils zu verschiedenen Daten gefeiert.

Das Christliche Auskunftsbüro gibt Auskunft über christliche Aktivitäten generell: Tel. 28 76 47.

Wöchentliche Prozession durch die Via Dolorosa jeden Freitag um 15 Uhr.

Der **jüdische Kalender** feiert jede Woche den Shabbat. In den orthodoxen Vierteln ist dieser Ruhetag sehr spürbar.

Einen besonderen visuellen Reiz bietet das Sukkot-(Laubhütten-)Fest im Oktober, an welchem man überall auf Jerusalemer Balkonen und in Vorgärten die mit Laub bedeckten Hütten entdecken kann, in denen religiöse Juden während der sieben Festtage auch schlafen und essen. Eine schön geschmückte Laubhütte ist bei einem Spaziergang durch ein religiöses Viertel sicherlich der Betrachtung von innen wert. Im Dezember das Chanukkah-(Licht-)Fest, an welchem acht Tage lang achtarmige Leuchter aller Art angezündet werden. Ein Besuch in Mea Shearim am frühen Abend ist auch an Chanukkah lohnend. Im April/Mai (nach jüdischem Kalender) der israelische Unabhängigkeitstag mit Straßenfeiern und viel Trubel; am Vortage der Heldengedenktag für die gefallenen Soldaten (abends sind Geschäfte, Cafés und Vergnügungsstätten geschlossen).

Der **Fastenmonat Ramadan im Islam**   Eßverbot für den religiösen Moslem von Sonnenaufgang bis Sonnenuntergang. Da der islamische Kalender sich im Gegensatz zum christlichen und jüdischen jedes Jahr um zwei Wochen verschiebt, fällt dieser Fastenmonat in manchen Fällen auch in den Sommer. Unter diesen Umständen wird das Ende des Ramadan besonders gefeiert.

Ein beliebtes und vielbesuchtes **Kultur-Festival** in Jerusalem ist das jährliche Frühjahrs-Festival, das im April/Mai stattfindet. Kulturel-

An der Verurteilungskapelle führt jeden Freitag auf der Via Dolorosa eine christliche Prozession vorbei

le Veranstaltungen, Konzerte, Theater- und Tanzvorstellungen mit internationalem Niveau finden in dieser Zeit fast allabendlich in den Jerusalemer Konzert- und Theatersälen statt; nur frühe Kartenvorbestellung sichert einen der vielbegehrten Plätze! (Auskunft sowie günstige Karten im Touristen-Amt)

Ein jährliches **internationales Film-Festival** findet jeden Juni/Juli in der Jerusalemer Cinemateksatt. Auch hier ist frühe Kartenvorbestellung anzuraten: Tel. 27 41 31.

Tallandschaft in Jerusalem

Der Spaziergang

Das Hinnomtal beginnt etwas südlich des Jaffa-Tores und findet sein Ende in der Nähe des Ausgangs des Shiloah-Tunnels (vgl. S. 19), begrenzt also den Zionsberg auf dessen westlicher und südlicher Seite. Der hebräische Name »Gehinnom« (Gehenna) bedeutet Hölle: In diesem Tal befand sich die zentrale Kultstätte des Götzen »Moloch«, der von den Kanaanitern aus dem südlich des Jordans liegenden Amon nach Israel gebracht worden war. Der Legende nach war der Moloch ein eisernes Götzenbild, das durch ein Feuer in seinem Inneren zum Glühen gebracht wurde, um dann in schauerlicher Zeremonie als Stätte für Kinderopfer zu dienen. Hunderte von Jahren wurde dieser Kult hier praktiziert, bis es den Propheten gelang, diesem Treiben ein Ende zu setzen. Das Andenken an diese Schreckenszeit lebt bis heute im Namen des Tales fort. Westlich des Tales liegt das Viertel Chuzot Hajozer, in dem sich viele Galerien und Cafés befinden. Im nächsten Talabschnitt befindet sich der »Sultansteich«, der durch Sultan Soliman den Prächtigen 1517 verbreitert und vertieft wurde. Die Straße, die heute den »Sultansteich« begrenzt, war damals ein Staudamm, der das Wasser der winterlichen Regenfälle staute. Jahrhundertelang wuschen hier die Jerusalemer Frauen ihre Wäsche. Erst in neuerer Zeit wurde der Staudamm geöffnet, und heute finden hier im Sommer unter freiem Himmel Theateraufführungen und Konzerte vor großem Publikum statt. Südlich des Staudamms die Jerusalemer Cinematek, von deren Restaurant und Café aus man einen herrlichen Blick aufs Tal und die Altstadtmauer hat.

Während des Krieges im Jahr 1948 war das Hinnomtal Niemandsland, man kann dort bis heute eine Drahtseilbahn hängen sehen, mit der bis 1967 Proviant in die abgeschnittenen israelischen Stellungen zum Zionsberg hinüber befördert wurde.

In der Südostwand des Tales sieht man eine Reihe von Grabhöhlen, die zum Teil noch aus der Zeit des Ersten Tempels (10.–6. Jh. v. Chr.) stammen, aber auch teilweise aus byzantinischer Zeit (4.–6. Jh. n. Chr.).

Bis zum Beginn des zwanzigsten Jahrhunderts breitete sich Jerusalem nicht nach Westen hin aus, daher wurde das außerhalb der Stadtmauern liegende Hinnomtal zu einem großen Begräbnisort, weil auf diese Weise dem jüdischen Gesetz entsprochen wurde, das Bestattungen innerhalb der Stadt untersagte.

Vor der Einmündung des Tales in das Kidrontal liegt das griechisch-orthodoxe Kloster Haceldama, das auf dem »Blutacker« steht, dem Boden, den die Priester des Tempels vom Verräterlohn, den »30 Silberlingen«, gekauft haben sollen, die Judas ihnen zurückgegeben hatte (Math 27,3).

Ausflug in die Umgebung

Wadi El Qelt

Das Wadi El Qelt ist eine Schlucht, die ungefähr 25 Kilometer östlich Jerusalems ihren Anfang nimmt und auf einer Gesamtstrecke von wiederum ungefähr 25 Kilometern nach Jericho führt. Auf jeder Seite des Wadi befindet sich ein antikes Aquädukt, von denen das nördliche, das zur Zeit Herodes' des Großen, als es erbaut wurde, zu den königlichen Gärten in Jericho führte, heute noch begehbar ist. Das südliche Aquädukt führte zu Herodes' Palast in Jericho, der dort am Ende des Wadi liegt. Die beeindruckenden Reste dieses Aquädukts kann man in 25 Metern Höhe über dem Boden des Wadi an der Einmündung eines Nebentals noch sehen. Hier am Anfang des Wadi findet man auch eine alte, verlassene Wassermühle inmitten tropisch anmutender Vegetation – Palmen und Obstbäume –, die durch den fruchtbaren Boden, den Wasserreichtum und die hohen Temperaturen begünstigt wird.

Wenn man dem Wadi auf dem nördlichen, Anfang dieses Jahrhunderts restaurierten Aquädukt folgt, wobei man wegen der großen Höhe Vorsicht walten lassen und wegen der Hitze auch genügend Wasser mitnehmen sollte (das Wasser des Aquädukts ist nicht trinkbar), so kommt man nach einigen Kilometern an eine durch ein Kreuz gekennzeichnete Biegung und sieht unter sich das Kloster St. Georg. Der atemberaubende Blick auf das Hunderte von Metern tiefer liegende Kloster einerseits und die einen umgebende Wüste andererseits entschädigen mehr als reichlich für die Mühen des Spazierganges.

Man kann aber auch im Wadi selbst bis zum Kloster gelangen, vorbei an Teichen, kleinen Wäldern und Ruinen. St. Georg war ursprünglich eine »Laura«, eine halb-eremitische Mönchsgemeinschaft, die sich nur an Sonntagen zum gemeinsamen Gebet traf. Zwischen 420 und 430 n. Chr. von syrischen Mönchen gegründet, wurde das Kloster im Jahr 614 von den Persern zerstört, aber später wiederaufgebaut. Im Kloster drei Kapellen, von denen eine dem Propheten Elias gewidmet ist, der sich hier vor König Ahav versteckt hielt und von wilden Raben gefüttert wurde (1 Kön 17,1–7). Die Kapellen und die heute größtenteils leerstehenden Zellen der Mönche können gegen ein geringes Entgelt besichtigt werden.

Straße von Jerusalem nach Jericho,
Abzweigung bei Maale Adumin auf
die alte Straße nach Jericho

Bewährtes Transportmittel in der Umgebung Jerusalems:
Ein Kamelritt ist ein Abenteuer

Am Abend

Wer als Tourist in Jerusalem etwas unternehmen möchte, sieht sich nicht unbedingt durch ein ungeheures Angebot überfordert. Ein Essen in einem der hier genannten Restaurants ist sicher ein passender Abschluß für einen anstrengenden Tag voller Besichtigungen. Unter Umständen kann es sich (besonders in arabischen Gaststätten mit einer Vielzahl verschiedener Gerichte) auch zu einer abendfüllenden Beschäftigung ausweiten. Das gilt für die Altstadt-Restaurants Philadelphia (s. S. 77), das direkt daneben gelegene Dallas (Tel. 28 44 39) und das Al-Umayyah auf der Sultan Suuleiman Street (Tel. 28 27 89).

Als Alternative zu solchen kulinarischen Genüssen bietet sich der Besuch einer kulturellen Veranstaltung an, entsprechende Hinweise auf Veranstaltungsstätten (Theater, Konzert, Kino oder Kleinkunsttheater) finden sich im Kapitel »Treffpunkte«. Zu ergänzen ist jedoch die Möglichkeit, in der *Dormitio-Abtei* oder der *Erlöser-Kirche* ein Konzert geistlicher Musik zu besuchen.

Einen umfassenden Veranstaltungskalender für Jerusalem (und ganz Israel) bietet die Wochenendausgabe der »Jerusalem Post«, die am Freitag erscheint. In den meisten Hotels liegt außerdem das Magazin »What's on this Week in Jerusalem« aus, das ebenfalls auf aktuelle Veranstaltungen hinweist.

In den Sommermonaten sind zwei völlig unterschiedliche Veranstaltungen zu empfehlen: die »Sound and Light Show« in der Davidsstadt, ein imposanter Spektakel mit Lichteffekten; auf dem Feld vor dem Damaskustor kann man hingegen ein ausgelassenes arabisches Vergnügen besuchen – »Bastot«, ein Gelage mit orientalischer Musik, Tanz und nahöstlichen Köstlichkeiten.

Wer abends in einem Straßencafé sitzen will, kann den Betrieb auf der Ben-Jehuda-Straße an sich vorbeiziehen lassen. Bars, Pubs und Discos findet man eher in den Straßen Rivlin und Salomon.

American Colony Hotel Die Kellerbar ist amüsanter als die anderen Hotelbars. Manchmal Jazz oder Bauchtanz.
Nablus Road/Louis Vincent Str.
Tel. 28 24 21

Charlie's Pub Amüsante Musikkneipe im Einkaufstrakt des Jerusalem Tower Hotel, bis 2 Uhr früh.
23 Hillel Str. Tel. 22 74 03

Jerusalem Artist's House Angenehmes Restaurant mit Club. Interessantes Publikum.
12 Shmuel Ha-Nagid Str.
Tel. 23 29 20

Jerusalem of Gold Nachtclub mit folkloristischen Darbietungen.
5 Ein Rogel Str.
Tel. 71 88 90

In der Dormitio-Kirche wird tagsüber die Messe gelesen, abends ertönt Kirchenmusik

Hotels

Jerusalem bietet eine große Auswahl an Hotels und Herbergen für jeden Geldbeutel, von Luxushotels 1. Klasse bis hin zu preiswerten Unterkünften und Jugendherbergen. Alle Hotels sind mehr oder weniger zentral gelegen, und die Besichtigungsstätten sind entweder zu Fuß oder mit Bus von überall aus leicht zu erreichen. Die Preise ändern sich stark je nach Saison und sind besonders in den Sommermonaten, um Weihnachten und Ostern sowie um das jüdische Neujahrsfest im Oktober um vieles höher. Zu diesen Zeiten sollte man Zimmer durch eine Reisegesellschaft vorbuchen lassen (meist auch preisgünstiger). Die Preise sind immer an der Rezeption des Hotels ausgeschrieben und unterstehen der Kontrolle des Touristenamtes. (Sie enthalten nicht die fünfzehnprozentige Mehrwertsteuer, die bei Zahlung in ausländischer Währung jedoch entfällt, schließen aber meist das Frühstück ein, das in großen Hotels sehr reichhaltig ist.) In Westjerusalemer Hotels wird manchmal am Shabbat keine warme Mahlzeit serviert, aber der Ersatz an kalten Speisen und Salaten ist nicht weniger schmackhaft. Es gibt einige Kibbuzim in nächster Nähe der Stadt, deren Gasthäuser neben ruhiger und schöner Umgebung auch einen Einblick ins Leben eines Kibbuz bieten (Einzelheiten beim Touristenamt, → Info).

Die genannten Preise gelten pro Person für Doppelzimmer während der Hochsaison, in der Nebensaison sind die Preise bedeutend niedriger.

Hotels 1. Kategorie (Luxus, 5 Sterne)

Hilton-Jerusalem
Der Hauptkonkurrent des King David, weniger förmlich bei gleich hohem Standard der Räume und des Service. Prägt von seinem Standort in der Nähe der Knesset und des Israel-Museums aus die Skyline der Stadt.
Givat Ram
Tel. 53 61 51
415 Zi, bis $ 110

Hyatt
Das jüngste der großen Luxushotels in Jerusalem, also modern und komfortabel – gleichzeitig auch das größte Hotel des Nahen Ostens.
Lechi-Str. 32
Tel. 81 39 77
507 Zi, bis $ 145

Intercontinental-Mt. Olives
Bietet vom Gipfel des Ölberges einen spektakulären Blick über die Altstadt und den Tempelberg. Sehr gutes Hotelrestaurant.
Ölberg, Ostjerusalem
Tel. 28 25 51
200 Zi, bis $ 95

King David
Das erste Haus am Platz. Traditionell und gediegen – der geeignete Ort für Prominente und VIPs, aber nicht nur für sie.
King-David-Str. 23
Tel. 22 11 11
258 Zi, bis $ 206

King David Hotel: Speisen unter Prominenten

4 Sterne – Luxusklasse

American Colony
Sehr interessantes Ambiente, orientalisch geprägt. Schöner Garten, sehr gute Küche.
Nablus Rd., Ostjerusalem
Tel. 28 24 21/2/3
102 Zi, bis $ 110

Holyland
In einiger Entfernung von den Sehenswürdigkeiten der Altstadt, mit Blick über die Hügellandschaft Jerusalems und die neue Weststadt. In den Gärten das große Modell der Stadt zur Zeit des Zweiten Tempels (s. S. 8)
Tel. 63 02 01
116 Zi, bis $ 80

Mt. Zion
1986 eröffnet, in der Nähe der Jerusalemer Cinematek. Besonders bei Nacht eine atemberaubende Aussicht über den Zionsberg und die Mauern der Altstadt. Interessante orientalische Atmosphäre.
Hebron Rd. 15
Tel. 72 42 22
150 Zi bis $ 120

Moriah
Ein schönes, kürzlich vergrößertes Gebäude in der Nähe des interessanten Stadtteils Yemin Mosche.
Karen Hayesod 39
Tel. 23 22 32
301 Zi, um $ 100

3 Sterne – Mittelklasse

Gloria
Nettes kleines Haus in der Altstadt, im Christlichen Viertel.
Latin-Patriarchate-Str. 33, Ostjerusalem
Tel. 28 24 31/2
64 Zi, bis $ 48

King's
Sehr zentral gelegen, nicht unbedingt sehr ruhig. In der Nähe des Stadtteils Rehavia, in dem viele deutsche Juden wohnen.
King-George-Str. 60
Tel. 24 71 33
202 Zi., um $ 75

Windmill
Angenehmes und komfortables Hotel in der Nähe des Moriah Hotels, dem es auch sonst ähnelt.

Wo die Einheimischen kaufen: Gemüse- und Obstmarkt in der Altstadt

Mendele-Str. 3
Tel. 66 31 11
133 Zi, bis $ 74

YMCA
Herausragendes Beispiel britischer
Architektur des späten 19. Jh. Der
Turm stellt einen guten Aussichts-
punkt dar. Im Gebäude auch eine
Konzerthalle und die Multi-Media-
Shows »The Holyland Experience«
und »The Israel Experience«.
King-George-Str. 26
Tel. 22 71 11
68 Zi, bis $ 49

2 Sterne

Astoria
Am Westhang des Skopusberges;
kleines orientalisches Haus. Gutes
Preis-Leistungs-Verhältnis.
Mt. of Olives Rd., Ostjerusalem
Tel. 28 49 65
23 Zi, um $ 30

Har-Aviv
Ruhig, klein und familiär. In einiger
Entfernung vom Zentrum.
Beth-HaKerem-Str.
Tel. 52 15 15
14 Zi, bis $ 46

Knight's Palace
Im christlichen Viertel der Altstadt,
in der Nähe der Grabeskirche und
anderer Sehenswürdigkeiten. Klein
und bescheiden, aber angenehm.
Javalden-Str. 4, Ostjerusalem
Tel. 28 25 37
40 Zi, bis $ 36

Mt. of Olives
Orientalisches Hotel am Westhang
des Skopusberges. Bietet sehr hohen
Standard für relativ niedrige Preise.
Mt. of Olives Rd., Ostjerusalem
Tel. 28 48 77
63 Zi, bis $ 30

Besonders empfehlenswerte
Gästehäuser (Herbergen)

Beth Shmuel
Guter Blick auf die Altstadtmauern,
die bequem zu Fuß erreicht werden
können.

King-David-Str. 13
Tel. 20 34 66/7
40 Zi, bis $ 56

Notre-Dame
Architektonisch wichtiges Gebäude
aus dem Jerusalem des 19. Jh., mit
einer schönen Kapelle. Gutes Gästehaus mit geringem touristischen
Einfluß.
Ha'zanchanim-Str.
Tel. 28 97 23/4
105 Zi, bis $ 56

Scottish Hospice
Zitadellenähnliches christliches Gästehaus mit einem schönen Blick auf
den Zionsberg und das Hinnomtal.
In der Nähe archäologische Funde
aus der Zeit des Ersten Tempels
(1000–586 v. Chr.).
Hebron Rd.
Tel. 71 77 01
18 Zi, bis $ 51

Jugendherbergen

Bait Ve Gan
In der Nähe des Mt. Herzl und der
Yad-Vashem-Gedenkstätte.   Groß
und bequem.
HaPisga-Str. 8
Tel. 42 09 90
300 Betten, bis $ 15

Ejn Kerem
Im schönen Dorf Ejn Kerem, ländli-
che Umgebung, die im Frühjahr am
schönsten ist. Etwa 20 Min. mit dem
Bus vom Zentrum.
Ejn Kerem
Tel. 41 62 82
94 Betten, bis $ 13

Jugendhostel der luth. Kirche
In einem Kreuzfahrergewölbe des
Lutheranerhospizes. Schöne Gar-
tenanlagen.
St.-Markus-Str.
Tel. 28 21 20
60 Betten, $ 6

Old City
Sehr günstig gelegen, orientalisches
Ambiente.
Ararat-Str. 2
Tel. 28 86 11
75 Betten, bis $ 13

Info

Auskunft

Touristen-Informationsbüro
King-George-Str. 24
Tel. 24 12 81
So–Do 8.30–17 Uhr, Fr 9–12 Uhr
Zweigstellen: 1) Jaffa-Str. 17
Tel. 22 88 44
So–Do 9–12.30 Uhr, Fr 9–12 Uhr
2) Jaffa-Tor
Tel. 28 22 95
So–Do 8.30–17 Uhr, Fr 9–14 Uhr
Christliches Touristen-Büro
Gegenüber dem Hintereingang zur
Davids-Zitadelle
Tel. 28 76 47
Naturschutz-Gesellschaft (Touren
in Jerusalem und Umgebung)
Heleni-Hamalka-Str. 13
Tel. 22 23 57

Autoverleih

Avis
King-David-Str. 22
Tel. 24 90 01
Budget
King-David-Str. 14
Tel. 24 89 91
Eurocar
King-David-Str. 22
Tel. 24 84 64
Hertz
King-David-Str. 18
Tel. 23 13 51
Der Leihwagen kann in fast allen
Fällen am Flughafen stehengelassen
werden. Die Preise bewegen sich
zwischen $ 30 und $ 40 pro Tag
(plus Kilometergeld). Achtung: Auto
fahren sollte man in Israel mit
größter Vorsicht, israelische Autofahrer
sind weder höflich noch vorsichtig!

Botschaften und Konsulate

Deutsche Botschaft
Tel Aviv
Soutine-Str. 14
Tel. 03/24 31 11
Österreichisches Konsulat
Jerusalem
Choveveh-Zion-Str. 8
Tel. 63 12 91
Schweizer Botschaft
Tel Aviv
Hayarkon-Str. 228
Tel. 03/546 44 55

Flughafen-Verkehrsverbindungen

Vom Flughafen nach Jerusalem: Regulärer
Busdienst vom Ben-Gurion-Airport
7.30–21.30 Uhr alle 45 Minuten,
Buslinien 943, 947; Entfernung
ca. 50 km, gute Straße und
schöne Landschaft. Sammeltaxi
(Sherut, Shuttle-Service) ca. $ 12
pro Person (empfehlenswert).
Von Jerusalem zum Flughafen: Sherut
Sammel-Taxis holen die Reisenden
vom Hotel ab; Taxi »Nesher«,
King-George-Str. 21, Tel. 22 72 27,
Vorbestellung telefonisch 24 Stunden
vor Abflug, zuverlässig. Busse
zum Flughafen fahren ab der Zentral-Busstation
etwa alle halbe Stunde.

Fluglinien

El Al
Hilton Hotel
Tel. 53 48 49
King-David-Hotel
Tel. 23 22 93
Lufthansa
King-George-Str. 16 a
Tel. 24 49 41
Sabena
King-David-Hotel
Tel. 23 49 71
Swiss Air
Jaffa-Str. 30
Tel. 23 13 73

Erinnerungsstätte Yad Vashem: Denkmal für die Widerstandskämpfer
des Warschauer Ghettos

Juden beim Gebet an der Klagemauer

KLM
Jaffa-Str. 33
Tel. 22 13 61

Dormitio-Kirche (katholisch)
Tel. 71 99 27
Zionsberg

Feiertage

Shabbat: Am Freitagabend ertönt eine Sirene, die kundgibt, daß eine halbe Stunde später der Shabbat beginnt. Geschäfte, Cafés und Vergnügungsstätten sind von da an in den meisten Fällen (oft schon am Nachmittag) bis zum Samstagabend geschlossen; der öffentliche Verkehr wird eingestellt, Taxis fahren aber noch. In Ostjerusalem dagegen ist am Freitagabend und Samstag alles geöffnet.

Geschäfts- und Bürostunden

So–Do 9–13 Uhr und 16–19 Uhr, Fr 9–13 Uhr
In der Altstadt und Ostjerusalem ist am Samstag meist geöffnet, dafür teilweise am Freitag geschlossen (Feiertag der Moslems).
Banken: So–Do 8.30–12.30, So, Di, Do auch 16–17.30 Uhr, Fr 8.30–12 Uhr

Gottesdienste, deutsche

Erlöserkirche (lutherisch)
Tel. 28 55 64
Muristan-Viertel, Altstadt

»Musts«

Wer nur zwei bis drei Tage in Jerusalem verbringen kann, sollte zumindest die folgenden Stätten gesehen haben: den Ölberg mit seinen Kirchen, die Via Dolorosa, die Grabeskirche, den Tempelberg und seine Bauten (Felsen-Dom und El-Aqsa-Moschee), den arabischen Shuk (Basar), das Jüdische Viertel, die Klagemauer, den Rundgang auf der Mauer und die Yad-Vashem-Gedächtnisstätte. Wer einen weiteren Tag Zeit hat: die Davidstadt, den Zionsberg und das Israel-Museum. Zu Beginn oder Abschluß der Reise ist ein Besuch der Panorama-Aussichtspromenade Armon Hanaziv (Gouverneurspalast) sehr zu empfehlen.

Öffentliche Verkehrsmittel

In Jerusalem gibt es weder S- noch U-Bahnen; das Buslinien-Netz ist allerdings hervorragend. Informationsblatt der verschiedenen Linien erhältlich am Touristen-Informationsbüro, Tel. 52 82 31/52 34 56. Die Egged-Busse der Linie 99 fahren innerhalb Jerusalems als Rundlinien

zu allen wichtigen Besichtigungsstätten. Die »99« verläßt jede volle
Stunde (So–Do 9–17 Uhr, Fr 9–14
Uhr) die Haltestelle am Jaffa-Tor
und passiert 34 Stätten. Kartenver-
kauf Jaffa-Str. 44 (am Zionsplatz),
Tel. 22 34 54 und 22 41 48.
Überlandbusse sind sicher und zuverlässig, billig und bequem. Am
Sonntagmorgen oder Freitagmittag
sollte man Überlandfahrten allerdings vermeiden. Tausende von Soldaten füllen dann die Busse. Nicht
vergessen: Auch der Überlandver-
kehr (alle Städteverbindungen) stellt
seinen Dienst von Freitagnachmittag bis Samstagabend ein. Karten
nach Eilat sollte man besser einen
Tag vorher am Egged-Busbahnhof
vorbestellen.
Die arabische Busstation Jerusalems
(alle Verbindungen zu Städten in Ju-
däa und Samaria [Westbank]) befindet sich nahe des Damaskus-Tores.

Paß – Visum

Alle Jahrgänge nach 1927 brauchen
zur Einreise nach Israel nur einen
gültigen Reisepaß, kein Visum.
Jahrgänge bis 1927 benötigen ein
Visum, das durch alle israelischen
Botschaften und Konsulate in
Deutschland ausgestellt wird.

Reisezeiten

Das erfrischende Bergklima Jerusalems (über 800 m ü. d. M.) macht
einen Besuch auch im Sommer empfehlenswert. Selbst an den heißesten
Tagen steigt die Höchsttemperatur
am Mittag selten über 30° C, am
Abend ist es dagegen immer kühl
und angenehm. Der Winter hat kalte und regnerische Tage, manchmal
sogar leichten Schneefall. Es gibt jedoch auch im Winter warme Son-
nentage, deren Klarheit besonders
schön ist. Kleidung: im Sommer
leicht, mit Jackett oder Pulli für den
Abend, im Winter europäische Win-
terkleidung. Zu den christlichen

und jüdischen Feiertagen (Weihnachten, Pessah, Ostern und jüd.
Neujahr) sollte man Flüge und Hotels vorher reservieren.

Taxi

Taxis gibt es auf Jerusalems Straßen
zahlreiche, und Taxifahren ist in Israel nicht teuer – immer Einstellen
des Taxameters fordern!

Telefonieren und Post

Durchwahl nach Deutschland:
0049 und dann die entsprechende
Vorwahl (ohne 0). 50 % verbilligter
Tarif zwischen 1–7 Uhr nachts. Keine R-Gespräche nach Deutschland;
Gespräche innerhalb Israels von jedem öffentlichen Fernsprecher, die
dazu benötigten Telefon-Tokens
(»Assimonim«) sind an jedem Post-
amt erhältlich. Vorwahl Jerusalem:
02
Hauptpostamt (Telex und Telefax)
Jaffa-Str. 23
So–Do 7.45–12.30 Uhr, 13.30–
5.30 Uhr, Mo und Mi nachmittags
geschl.

Trinkgelder

In Restaurants und Cafés üblich:
10–15 %.

Währung/Geldwechsel/
Kreditkarten

Israelische Währung: 1 Shekel =
100 Agurot. Geldscheine: 5, 10, 20,
50, 100 Shekel. Geldwechsel an
Banken und Geldwechselstuben.

Wichtige Telefonnummern

»Magen David Adom« (Rotes Kreuz)/Ambulanz	101
Polizei	100
Feuerwehr	102
Tel-Info	14
Hilfe bei Vergewaltigung	24 55 54
Stadt-Info	22 88 44

Register

Wird ein Begriff mehrmals aufgeführt, dann verweist die halbfett gedruckte Zahl auf die Hauptnennung.

Lieferbare Titel »Besser Reisen«

Amsterdam

Barcelona

Berlin

Budapest

Fuerteventura

Gran Canaria

Hamburg

Hongkong

Ibiza · Formentera

Istanbul

Jerusalem

Kenia

Korsika

Kreta

Leningrad

London

Madrid

Mailand

Mallorca

Marokko

München

Nepal

New York

Paris

Prag

Provence

Rom

Schottland

Schweden

Straßburg

Südtirol

Sylt · Amrum · Föhr

Teneriffa

Türkei

Venedig

Wien